이공계 대학생과 취업준비생을 위한
기술문서작성법

저자 이민호

서강대학교 국문과 대학원 졸업
1994년 「문화일보」 시 당선
현재 서강대학교 국문과 대우교수로 재직. 홍익대학교 출강
반년간 문예지 「리얼리스트」 편집위원

주요 저서

시집-『참빗 하나』, 『피의 고현학』
연구서-『홍포와 와전의 상상력』, 『김종삼의 시적 상상력과 텍스트성』
말하기 책-『움직이는 말하기』(공저), 『유두고도 이래서 좋았다』(공저)

이공계 대학생과 취업준비생을 위한
기술문서작성법

초판인쇄 2011년 11월 4일
초판발행 2011년 11월 15일
지은이 이민호
펴낸이 이대현
편 집 박선주
디자인 이홍주
펴낸곳 도서출판 역락
서울 서초구 반포4동 577-25 문창빌딩 2층
전화 02-3409-2058(영업부), 2060(편집부) | FAX 3409-2059
이메일 youkrack@hanmail.net
등록 1999년 4월 19일 제303-2002-000014호
ISBN 978-89-5556-949-0 03700

정 가 12,000원
* 잘못된 책은 교환해 드립니다.

이공계 대학생과 취업준비생을 위한
기술문서작성법

이민호

역락

머리말

과학기술의 생명력은 실험실에 묶여 있지 않다

　'기술문서'라는 말의 정의는 무엇이라 정의된 바 없다. '기술'을 한자로 쓰면 '記述'로 해야 할까? 아니면 '技術'로 해야 할까? 앞의 뜻은 '여러 가지 사실, 실험이나 관측에서 얻은 갖가지 자료를 과학에서 인정하는 일정한 표시조직을 사용하여 기록하는 것'을 말한다. 이는 과학적 연구의 여러 단계 중 하나로 일상 언어를 사용하기도 하고, 일정한 기호나 도표를 사용하기도 한다. 그러므로 '기술(記述)'은 과학 연구를 설명하는데 반드시 필요한 단계이다. 사실의 설명은 그러한 기술을 바탕으로 하기 때문이다. 그러한 측면에서 실증주의자들은 사실의 기술만이 과학의 임무라고 주장하기도 했다. '技術'은 '인간의 욕구나 욕망에 적합하도록 주어진 대상을 변화시키는 모든 인간적 행위'를 말한다. 오늘날 주로 '생산기술'의 뜻으로 사용된다. 여기에 두 가지 개념이 있다. 하나는 과학의 응용이고, 다른 하나는 인간행동의 주체성의 강조이다. 앞은 '인간의 생산적 행위에 객관적 법칙을 의식적으로 적용'하는 것이고, 뒤는 '인간행동의 목적의식과 합법칙'을 지적하는 것이다. 이 두 정의에서 '설명'과 '생산'이라는 기능을 통해 문장쓰기의 기량을 높이려는 것이 '기술문서작성법'이다. 즉 '생산적인 설명'이 '기술문서작성법'의 핵심이다. '생산적 설명'에는 현대 사회에서 과학기술인의 경쟁력을 염두에 둔 깊은 뜻이 담겨있다.

현대사회에서 과학기술자의 경쟁력은 어디에서 나오는 것일까? '소통'
에 있다. 오늘 우리가 정보화 사회에 살고 있다는 인식 속에서 통찰력을
가지고 의사소통을 해야 한다. 이때 소통은 일부 제한적인 범주에 그치
지 않고 '벽 허물기' 차원에서 여러 사회 집단과 각 학문 분과와 다른
분야 전문가나 일반인과의 사이에서 막힘없이 이루어져야 한다. 의사소
통은 개인 발전의 원동력이기도 하지만 궁극적으로 사회에 기여하려는
목적이 있다. 이러한 의사소통을 원활히 하는 수단으로서, 혹은 기능으
로서 '기술문서작성' 기량이 중요하다. 그러므로 단순히 기능과 기량의
단계를 넘어 사회적 관계를 향상시키는 매개체로서 '기술문서'를 이해했
으면 한다.

　정보화사회는 지식의 재생산, 융화, 심화를 특징으로 하고 있다. 그러
므로 실험실 안에서만 우수한 과학기술자는 그다지 유능한 사람으로 평
가받지 못할 것이다. '기술문석작성법'의 목표는 '소통의 대중화'에 있다.
특히 자기 발전을 위한 과정으로서 의사소통을 꾀한다.

　'기술문선작성법'은 학생들이 기술 분야의 문석작성에 관한 능력을 배
양하기 위해 고안된 과목이다. 학생들은 이 과정을 통해 직장 실무에서
쓰일 다양한 문서뿐만 아니라 기술보고서, 논문 등을 작성하는 방법을

습득하게 될 것이다. 그리고 자신의 전공을 보다 더 잘 이해할 수 있고, 여러 상황에 적용할 수 있는 다양한 문서 작성기술에 관한 여러 가지 기술을 습득할 수 있다. 이공계 출신의 엔지니어들은 기술적인 내용을 문서로 표현하고자 할 때 어려움을 겪곤 한다. 이러한 어려움을 덜어 주고, 공학교육인증에서 요구하는 의사전달 능력을 배양하기 위해서는 일반교양 수준의 '국어작문'에서 한 단계 더 나아가 보다 전문적인 내용을 효율적으로 기술하는 방법을 터득할 필요가 있다.

이 민 호

1부
대학생활과 기술문서

⋮⋮

　대학에서 학생들의 성적을 측정하는 방법은 크게 시험과 보고서로 나뉜다. 그만큼 보고서는 학생들의 역량을 보여주는 중요한 기술적 문서다. 대학에서 수업 때 부과되는 모든 과제는 보고서다. 그러므로 보고서를 쓰는 데 있어 염두에 두어야 할 것이 있다. 첫째, 보고서가 일반적 요건을 갖추었는가? 둘째, 특정분야에서 요구하는 특정 목정에 부합하는가? 이다. 보고서의 일반적 성격과 특수성을 생각하여 형식과 내용에 신경을 써야 한다.

　보고서는 두 가지 유형으로 나뉜다. 첫째, 항목 나열식이다. 핵심어와 주제어를 중심으로 완전한 문장을 사용하지 않고 내용을 전개하는 방법이다. 주로 실험 보고서나 조사 보고서가 해당된다. 둘째, 항목 서술식이 있다. 항목 나열식 보고서를 일반적인 글의 형식으로 재구성한 것이라 생각하면 된다.

01
실험 보고서

1. 과학적 글쓰기의 일반적 요건

: 실험 보고서와 같은 과학적 글쓰기의 요건으로 명확성, 일관성, 간결성, 객관성이 필요하다. 이는 일반적 글쓰기의 요건과 다를 바 없다. 그만큼 실험 보고서 역시 소통의 수단임을 알 수 있다. 그와 더불어 주어진 실험의 조건과 목적에 맞는 내용과 형식을 갖추는데 신경을 써야 한다.

(1) 명확성

- 연구대상의 조건을 분명히 제시해야 한다.
- 과학적 사실 판단은 분명한 단어로 표현한다.
- 주어와 목적어를 분명히 구별할 수 있도록 한다.
- 수식어와 피수식어는 서로 가깝게 놓는다.

(2) 일관성

■ 주어와 서술어를 일치시킨다.

■ 논리적 관계를 명확히 한다.

■ 대등한 두 사실은 같은 형식으로 표현한다.

■ 읽는 사람이 예측할 수 있도록 글의 순서를 짠다.

(3) 간결성

■ 짧게 문장을 쓴다.

■ 형식적인 말을 지양하고, 말의 중복을 피한다.

■ 전문어를 적절히 사용하되, 되도록 일상어를 쓴다.

■ 그림, 표 등을 효과적으로 사용한다.

(4) 객관성

■ 과장하거나 단정하지 말자.

■ 사실에 대한 주장이 아니라 미래에 예정된 목적에 맞춘 표현을 삼가자.

■ 과거와 현재 시제를 사용한다. 미래 시제는 사용하지 않는다.

■ 추측하거나 추정하지 않는다.

2. 실험 보고서 작성요령

매 주차에 배정된 실험주제에 대해, 제시된 실험 과정에 따라 실험을 행하고 결과를 도출, 분석한다. 매주 예비, 결과보고서를 제출해야 한다.

(1) 예비보고서

- ■ 목적 : 실험목적을 이해하고, 실험 주제와 관련된 배경이론을 확인하며, 실험과정을 확인하는 데 있다.
- ■ 구성 : 실험제목, 실험목적, 실험방법 및 과정, 간단한 시뮬레이션

(2) 결과보고서

- ■ 목적 : 이론을 토대로 예측값을 확인하고, 결과 분석 후 이론적 배경을 재확인하며, 결과분석 과정과 실패 이유 등을 분석한다. 이러한 결과를 가지고 활용방법을 예측하거나 피드백 과정을 설정하는 데 있다.
- ■ 구성 : 실험제목, 실험목적, 실험방법 및 과정, 실험결과 및 분석, 토의, 결론, 참고문헌

Hill Reaction

반　 : 월요일 1반 2조
학번 : 2007 ○ ○ ○ ○
이름 : 한아름

ABSTRACT

이 실험은 식물에서 엽록체를 분리하여 Hill 반응을 측정하고 이 반응을 억제하는 DMCU의 억제 기능을 알아보는 목적으로 이루어진 실험이다. 엽록체를 분리할 때 전자 수용체가 사라지기 때문에 인공적인 전자 수용체인 DCPIP(2,6-dichlorophenolindophenol)을 넣어 DCPIP가 산화된 형태인 quinone gudxosms 푸른색을 나타내고 환원된 형태인 phenol 형태는 무색을 나타내는 성질을 이용하여 반응의 유무를 알아보고 빛의 유무, 빛의세기, 엽록체의 유무, DMCU의 존재여부에 따른 반응의 흡광도를 알아본 결과명반응이 일어나는데 엽록체가 필요하다는 것을 알 수 있었고 빛의 강도와 반응의 강도가 비례하여 나타나고 이 때문에 빛의 강도가 강할수록 반응이 빨리 일어나고 완결되는 시간도 빨라지며 반응이 일어나는 정도도 달라지는 것을 알 수 있었다. 또한 DMCU란 제초제를 처리하면 반응을 억제하는 것을 알 수 있었다. 우리의 실험에서는 거리를 제한하여 빛의 세기를 일정하게 조절하였기 때문에 빛의 세기에 따른 광합성의 비율만을 알 수 있을 뿐이지 광포화 현상이 일어나지는 않았지만 엽록체가 존재하고 DCPIP가 전자를 대신 수용이 가능하고 산화형과 환원형이 존재하여 빛에너지로부터 화학적 에너지가 생성되는 산화적 인산화가 일어난 것으로 볼 수 있었다.

INTRODUCTION

이 실험은 식물에서 엽록체를 분리하여 광합성에서 일어나는 물의 광분해 현상을 알아낸 Hill 반응을 측정하고 이 반응을 억제하는 DMCU라는 제초제를 이용하여 그 억제 기능을 알아보는 목적으로 이루어진 실험이다.

원래 광합성은 크게 2개의 반응으로 이루어지는데 식물은 제1반응인 명반응에서 물의 광분해 반응을 통해 산소를 생성하고 광인산화회로를 통해 ATP와 NADPH2를 생성한다. 이 산물들(ATP와 NADPH2)은 제2반응인 암반응의 칼빈회로를 통해서 포도당을 생성한다. 결국 식물은 광합성을 통해 포도당과 산소를 생성하는 것이다.

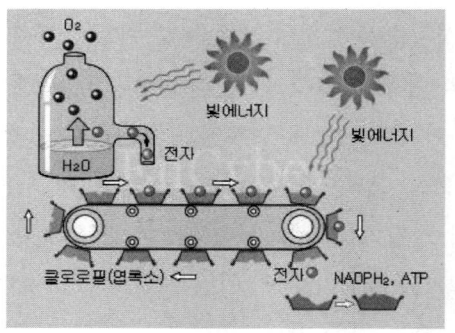

〈figure 1〉 광합성의 모식도

이러한 사실을 알아내고자 식물의 잎을 분쇄하여 여기에서 분리한 엽록체로 광합성 실험을 하려고 했을 때, 엽록체의 활성이 완전히 소실되어 전혀 실험을 할 수 없었던 것이 20C 초의 실정이었다. 그러던 중 1937년 영국의 R.Hill과 R.Scarisbrick는 엽록체 현탁액에 전자를 잘 받아들이는 Fe^{+3}의 염을 넣고 빛을 쬐어 물이 분해되어 산소가 방출됨을 알아내었다.

$$4Fe3+ + 2H2O \longrightarrow 4Fe2+ + O2 + 4H+$$

Hill은 설탕용액에서 잎을 갈아 분리해낸 엽록체에 혈액으로부터 얻은 헤모글로빈을 넣고 혐기적인 조건에서 빛을 비추면 산화 헤모글로빈이 생성되는 것을 흡수 스펙트럼의 측정으로 검출할 수 있었다. 또한 잎을 아세톤으로 처리한 다음 물 추출액을 얻거나 또는 이스트의 물 추출액을 분리 엽록체의 반응현탁액에 첨가하면 O_2 발생이 현저히 증가하는 것을 관찰 할 수 있었다. Hill은 O_2 발생을 촉진하는 물질을 규명하고자 다음 과 같은 실험을 하였는데 이스트의 물 추출물을 $Ca_3(PO_4)_2$ 겔로 처리하고 다시 옥살산(Oxalic acid)을 첨가해서 얻은 것을 사용하여 O_2 발생이 현저하게 촉진된다는 것을 알게 되었다. 그 후의 연구에서 분리 엽록체 현탁액에 철과 염 같은 산화제를 넣어주면 CO_2의 흡수 없이 빛에 의해 O_2가 발생함을 확인하였는데, 이 화합물들은 CO_2 대신 산화제로 작용한다. 이와 같이 분리 엽록체에 적당한 인위적인 전자수용체를 공급하면 탄수화물의 생성 없이도 물의 산화에 의하여 전자수용체가 환원되면서 산소가 발생되는 반응을 힐(Hill) 반응이라 한다.

　그 후 Hill은 1951년에는 $Fe+3$ 의 염과 같은 것이 아닌 식물에 존재하는 조효소의 하나인 NADP가 물의 분해 결과 생긴 전자를 받아 NADPH로 됨이 알려졌다. ATP도 물로부터 NADP로 전자가 전달되는 동안 형성되어 NADPH와 함께 탄소환원반응에 사용된다. 물이 산소로 산화되고 NADP가 환원되는 것과 함께 ATP가 형성되는 화학반응을 일반적으로 명반응이라 하고, 탄소환원반응을 암반응이라 한다. 이로서 광합성에 의하여 산소가 발생하는 이유를 명백히 밝혔다.

　이 실험에서는 spectrophotometer라는 기계를 사용하는데 이 장치의 원리는 원자 또는 분자가 외부에서 빛에너지를 받아 흡수하여 전자전이 진동 회전 같은 분자운동을 하는데 이때 바닥상태에 있는 원자가 그 종류에 따라 특정파장의 빛을 흡수하여 전자 전이를 일으키면서 흡수 스펙트럼을 나타내는 것이다. 이때 흡수하는 파장은 원자나 분자의 전자구조나 조성에 따라 달라지고 흡수하는 빛의 세기, 즉 흡광도는 원자나 분자의 농도를 결정할 수 있게 해준다. 흡광도가 높아질수록 sample의 농도가 비례하여 진해지기 때문에 미지의 용액의 농도를 알아내는데 도움이 된다.

MATERIALS & METHOD

우선 시금치에서 엽록체를 분리해내기 위하여 저온의 4℃ 콜드 룸에서 큰 잎맥을 제거한 4g의 시금치를 blendor에 0.5M sucrose용액 20ml를 함께 넣고 갈아준다. 그 뒤 플라스크에 여과 시켜주고 여과액을 tube에 15ml 가량 넣어준 뒤 500g로 3분간 원심분리를 해준다. 원심분리 된 상층액은 새로운 tube에 넣어주고 1000g로 다시 12분간 원심분리를 해준다. 그 뒤 이번엔 침전된 것만 남기고 상층액을 버린 후 0.5M sucrose 용액 10ml를 부어 완전히 풀어 현탁액을 만들어 준다. 이를 다시 500g로 원심분리하여 cloroplast가 담긴 상층액을 다시 다른 tube에 넣어준 뒤 1000g으로 12분간 원심분리하고 침전을 얻어 0.1M phosphatate buffer (pH 6.5) 12ml에 풀어 넣고 이를 얼음에 보관한다.

그 이후에는 실험실로 옮겨 적색등 을 켜고 DCPIP 환원률을 알기 위하여 엽록소의 농도를 알아야하기 때문에 엽록체 현탁액 1ml를 80% acetone 20ml 들어있는 비커에 넣고 엽록소 추출액을 얻어 80% acetone 을 blank로 spectrophotometer로 625nm에서 흡광도를 측정한다. 측정된 흡광도에 0.58을 곱하면 엽록소의 농도(mg/ml)를 알 수 있다. 이를 0.1M phosphate buffer를 이용하여 희석해 농도가 1.15mg/ml이 되도록 해주고 얼음에 보관한다. 그 뒤 tube에 A,B,C군을 나누어 아래와 같은 용액을 만들어 준다.

		처리내용	0.1 M phosphate buffer(ml)	H2O (ml)	0.2mM DCPIP(ml)	0.05mM DMCU (ml)	chloroplast 현탁액(ml)
A	1	DCPIPcotrol-20cm	1	3	1	-	-
B	2	암처리(호일)-20cm	1	2	1	-	1
	3	광처리 Ⅰ-20cm					
	4	광처리Ⅱ-40cm					
	5	광처리Ⅲ-60cm					
C	6	광처리Ⅰ+DCMU	2	-	1	1	1

그 후 각 용액을 1ml씩 cuvvet에 넣고 O.D 600값을 측정한다. 광원을 준비하고 각 광처리에 맞는 위치에 cuvvet을 위치시키고 광원과 cuvvet 사이에 물을 채운 유리그릇으로 열을 차단하고 빛을 처리한 3분마다 O.D 값을 측정해 준다. O.D값이 떨어지지 않을 때까지 측정한다.

RESULTS & DATA

(1) chlorophyll 농도

① 측정된 흡광도 : 0.285

② chlorophyll 농도 :

0.285*0.58=0.165(mg/ml)

③ 넣어준 phosphate 용액의 양 :

$mv = m'v'$

0.5*6=0.165*x

x=1.8

→ phophate 용액 4ml+현탁액 2ml

(2) 용액처리에 따른 흡광도 변화

<table 1> 시간에 따른 흡광도의 변화

실험군 / 시간(분)	1	2	3	4	5	6
0	0.582	0.68	0.690	0.696	0.706	0.666
3	0.585		0.343	0.415	0.529	0.660
6	0.584		0.186	0.236	0.395	0.659
9	0.585		0.132	0.152	0.278	0.659
12	0.585		0.134	0.133	0.181	0.657
15	0.586		0.132	0.133	0.142	0.656
18	0.587		0.132	0.133	0.142	0.654
21	0.587		0.132	0.132	0.142	0.654
24	0.588		0.132	0.132	0.142	0.651
27	0.588	0.688	0.132	0.132	0.142	0.648

(3) O.D값 변화 추이

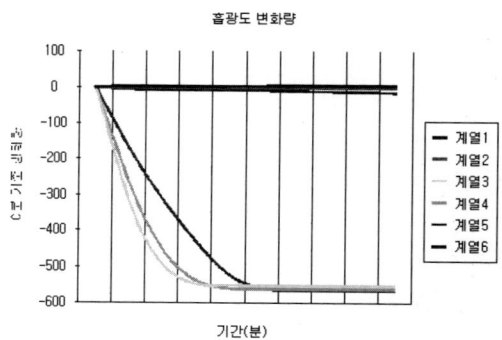

<figure 2> 0분을 기준으로 한 흡광도의 변화

　흡광도의 결과를 보면 1군은 거의 변화가 없고 2군은 변화가 전혀 일
어나니 않았다. 3군은 흡광도의 변화량이 가장 크고 빨라 9분 이후로는
흡광도가 변화하지 않았다. 4군은 감소되는 비율이 적었고 12분부터는
변화가 적었으며 반응이 더 늦게 끝났다. 5군은 4군보다 감소되는 비율
이 적고 반응이 완결된 시간도 15분으로 더 늦었다. 6군은 반응이 거의

일어나지 않았다.

DISCUSSION

이번 실험은 엽록체를 분리하고 이 엽록체의 농도를 측정한 다음 광원
과 차이와 엽록체의 유무, DCMU 처리에 따른 명반응의 정도(DCPIP의 환
원률)를 흡광도의 차이를 통하여 알아보는 식으로 진행되었다.

우리는 이 실험에서 오류를 줄이고 다른 영향을 주지 않게 하기 위하
여 엽록체를 분리할 때 콜드 룸에서 실험을 진행하고 광처리를 해줄 때
물이 담긴 유리그릇으로 열을 차단한 이유는 높은 열이 광합성에 영향을
주기 때문이다. 엽록체 자체가 열에 약하지는 않으나 광합성에 관여하는
효소의 주성분이 단백질이기 때문에 온도가 높으면 변성되어 기본 구조
가 변하기 때문에 제 구실을 못하고 따라서 광합성 속도가 급격히 줄어
들게 되기 때문에 열을 차단해 주었다.

또한 원심 분리하여 얻어낸 침전을 유리막대를 이용하여 풀어준 이유
는 엽록체가 물리적인 손상을 입어 실험에 영향을 줄 수 있기 때문에
inverting을 하거나 pipet을 이용하여 조심스럽게 풀어 준 것이다. 엽록체
를 보호하기 위해 또 한 가지 넣어준 것은 sucrose이다. sucrose는 삼투압
을 유지하여 엽록체가 손상되지 않도록 해주었다.

0.1M phosphate buffer(pH6.5)에 엽록체를 섞어준 이유는 이 buffer이용
하여 전체 pH를 맞춰주기 위해서이다. 그런 다음이 엽록체 현탁액은
acetone을 이용하여 엽록소 현탁액을 얻어냈는데 이는 엽록체가 지용성
이기 때문에 유기 용매에 녹여주기 위해서였다.

이 실험은 모든 불을 끄고 적색광에서 실행되었는데 이는 저번 실험에
서 알 수 있었듯이 식물에게 가장 영향이 적은 적색광하에서 실험을 진

행 한 것이다. 또한 광계 I 과 광계II로 불리는 복합체에 있는 색소가 오 렌지색에서 적색영역의 빛에너지(600~700㎚)을 흡수하기 때문이다.

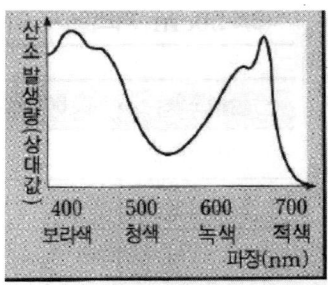

〈figure 3〉 엽록소의 작용 스펙트럼

우리는 이 실험에서 모든 혼합물에 **DCPIP**(2,6-dichlorophenolindophenol)을 넣어주었는데 이 물질이 필요한 이유는 우리가 엽록체를 분리해 낼 때 원래 있던 전자 수용체(NADP)가 파괴되기 때문에 이를 대신할 물질이 필 요하기 때문이다.

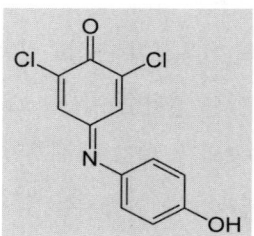

〈figure4〉 DCPIP의 구조

DCPIP는 레녹스 다이로 사용되는 푸른색의 화합물로 산화된 형태인 quinone gudxosms 푸른색을 나타내고 환원된 형태인 phenol 형태는 무 색을 나타낸다. 이 물질이 빛에 의하여 전자를 받아 환원되는 비율에 따라 광합성의 속도를 알 수 있게 되는 것이다.

$$\text{DCPIP (blue)} + H2O \xrightarrow[\text{chlorophyll}]{\text{light}} \text{DCPIPH2 (colorless)} + 1/2 \ O2$$

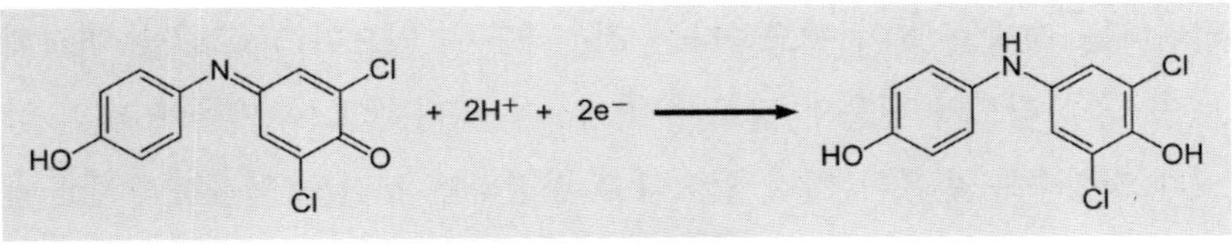

〈figure 5〉 DCPIP 의 환원 반응

이러한 측정이 가능한 이유는 이 물질이 광계 I 에서 Fe-S complex에서 전자를 수용하여 NADP에게 전자를 전달하는 철-황 단백질(ferredoxin) 보다 전자에 대한 친화도가 뛰어나기 때문이다. 때문에 ferredoxin에게서 전자를 빼앗아 환원 할 수 있다. 때문에 명반응 동안 DCPIP가 NADPH를 대신하여 마지막 전자수용체가 되는 것이다. 이러한 작용으로 우리는 DCPIP의 환원률과 흡광도를 이용하여 명반응의 정도를 측정 할 수 있었다.

각 군에 따른 흡광도의 결과를 보면 1군은 거의 변화가 없는 것을 알수 있다. 약간의 변화가 일어나기는 하지만 이는 용액안의 분자가 이동하기 때문에 나타는 현상이다. 때문에 1군은 명반응이 일어나지 않은 것을 알 수 있다. 2군은 변화가 전혀 일어나니 않았다. 3군은 흡광도의 변화량이 가장 크고 빨라 9분 이후로는 흡광도가 0.132에서 변화하지 않았다. 4군은 광처리의 3군보다는 감소되는 비율이 적었고 그 결과 12분부터는 변화가 적었으며 반응이 더 늦게 끝났다. 5군은 4군보다 감소되는 비율이 적고 반응이 완결된 시간도 15분으로 더 늦었으며 반응이 끝난

O.D값이 0.142로 3,4군보다는 높게 나타났다. 6군은 가까이 있었음에도 불구하고 반응이 거의 일어나지 않았다.

1군과 나머지 2군들을 비교해보면 명반응이 일어나는데 엽록체가 필요하다는 것을 알 수 있다. 또한 2군과 나머지 군들을 비교하면 반응이 일어나는 데에는 빛이 필요하다는 것을 알 수 있으며 3,4,5군을 비교해 보면 빛의 강도와 반응의 강도가 비례하여 나타나고 이 때문에 빛의 강도가 강할수록 반응이 빨리 일어나고 완결되는 시간도 빨라지며 반응이 일어나는 정도도 달라지는 것을 알 수 있다. 6군을 보면 다른 3군과 비교 했을 때의 차이점은 DMCU를 처리했다는 것인데 이를 보아 이 물질이 반응을 억제한 것을 알 수 있다.

이 실험에서 영향을 준 요인은－빛의 유무, 강도, DCMU－세 가지이다.

첫째로 빛이 하는 일은 광계Ⅰ P700이라는 반응 중심을 들뜨게 하고 NADP에 전자를 전달한다. (*우리의 실험에서는 DCPIP) 이렇게 전자를 전달하고 나면 P700에는 전자가 모자라기 때문에 광계Ⅱ에서 빛을 받아 전자가 풍부한 P680을 활성화시켜 전자를 보충하기 때문에 빛이 존재하지 않으면 반응이 일어나지 않는 것이다. 이때 전자를 얻어오는 곳이 물이다. CO_2 없이도 물이 산화되어 생기는 전자를 P680에게 전달된다. 이를 광분해라하고 Hill 반응이라고도 하는 것이다. 때문에 빛의 유무 뿐 아니라 빛의 강도도 반응에 영향을 준다.

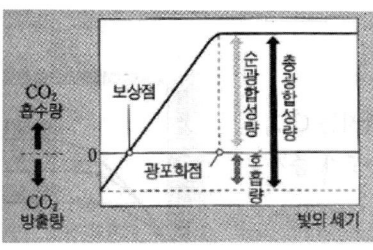

〈figure 6〉 빛의 세기에 따른 광합성량

이 실험에서 반응이 끝난 지점은 정확히 광포화현상(light-saturation phenomenon)
이 일어났다고 말할 수 없다.

광포화현상은 광포화점에 도달하여 광합성 속도가 더 이상 증가하지
못하는 상태를 말한다. 식물의 잎에 빛을 쪼이면 빛의 세기에 비례하여
광합성 속도는 증가한다. 그러나 우리의 실험에서는 거리를 제한하여 빛
의 세기를 일정하게 조절하였기 때문에 빛의 세기에 따른 광합성의 비율
만을 알 수 있을 뿐이지 광포화 현상이 일어나지는 않았다.

그러나 광인산화 과정은 일어난 것을 알 수 있다. 광인산화 과정이란
광합성에서 빛에너지를 사용하여 ADP와 무기인산(Pi)으로부터 ATP를 합
성하는 반응으로 광합성적 인산화라고도 한다. 이는 물로부터 유도된 전
자가 NADPH를 통하여 엽록체의 틸라코이드 막 바깥에 양성자가 쌓이
고 막을 통하여 스트로마 쪽으로 펌핑하면서 ATPase를 활성화하여 전자
쌍당 ATP를 1,2분자를 생성하는 과정을 말한다. 물론 우리 실험에서는
NADP가 존재하지는 않았으나 엽록체가 존재하고 DCPIP가 전자를 대
신 수용이 가능하고 산화형과 환원형이 존재하여 reversible하기 때문에
산화적 인산화가 일어난 것으로 볼 수 있다.

6군에 처리한 DCMU(3-(3,4-dichlorophenyl)-1,1-dimethylurea)라는 물질은 DCMU 광합성을 막는 제초제이다. 이 물질은 DCPIP가 광계 I에서 전자와 결합 해야하는데 그 자리에 결합하여 반응을 억제한다. 사실 이 물질은 광계 II의 전자흐름을 막아 광계 I에는 영향을 주지 않는다. 그러나 이 물질 은 물이 산화되어 얻어지는 전자를 흡수하기 때문에 광합성에 의하여 이 루어지는 NADP+에서 NADPH로 환원되는 반응을 막아 광합성을 할 수 없게 만드는 것이다. 때문에 3군과 같은 처리를 해주었음에도 불구하 고 반응이 거의 일어나지 않은 것이다.

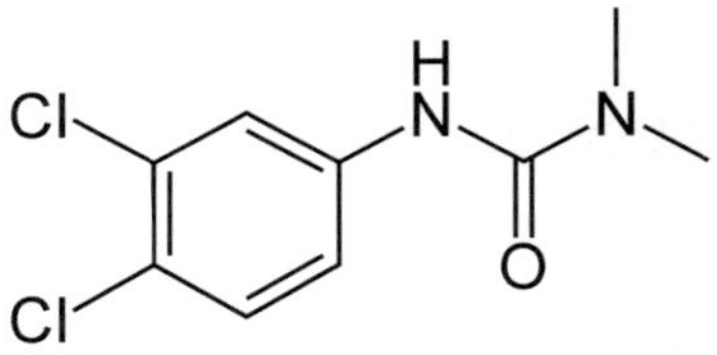

〈figure 7〉 DCMU의 구조

보통의 제초제는 광합성의 전자전달을 차단하는 기능을 갖는 데 대부 분의 경우 제초제의 작용부위는 광계 I의 환원부위(예, paraquat)이거나 두 광계 사이의 전자운반체인 퀴논 결합부위(예, DCMU)이다. 파라쿼트(paraquat) 는 결합형 페레독신과 NADP+ 사이의 전자전달을 가로막고, 산소분자 를 환원시켜 수퍼옥시드(superoxide, O2-)를 형성한다. 수퍼옥시드는 엽록체 에서 다양한 분자와 비특이적으로 반응하는 자유라디칼이고, 엽록체 활 성을 빨리 잃게 하며, 세포막의 지질분자에 특히 민감하게 작용한다. 퀴 논 결합부위에 작용하는 제초제는 QB 결합부위를 두고 플라스토 퀴논과 경쟁적으로 결합한다. 제초제가 산화형의 플라스토퀴논 대신에 이 부위 에 결합하면 제초제는 전자를 받아들일 수 없기 때문에 전자는 첫 번째

퀴논수용체인 QA에 머물게 된다. 따라서 결합한 제초제는 효과적으로 전자전달을 막고 광합성이 억제된다. 이와 같은 방법으로 작용하는 많은 제초제들은 퀴논형 전자수용체 복합체를 가진 광합성 세균의 전자전달 또한 억제할 수 있다.

REFERENCE

로드니 보이어, 2004, 생화학의 이해, 월드 사이언스, p.466, p.467, p.474, p.475.
http://www.google.co.kr/

02
논 문

1. 논문이란?

　일반적으로 어떤 주제에 대해 스스로 설정한 생각, 주장, 뜻을 논리적이고 짜임새 있게 정리하여 읽는 사람들에게 설득력 있게 전달하는 글이다. 이러한 글에는 일반교양논문과 학술논문이 있다. 앞의 논문은 일반적인 주제나 시사적인 문제를 주로 다룬다. 그러므로 어느 정도 비판적인 주장이 담기긴 했지만 논리성과 객관성, 전문성에서 학술논문과 차이가 있다. 그런 측면에서 뒤의 글이 일반적으로 정의하는 논문이다. 학술논문은 엄격한 격식과 내용을 담고 있어야 한다.

　논문의 생명은 독창성에 있다. 자료, 방법론, 결론에 있어 적어도 한 가지 이상은 새로운 것이어야 한다. 이 중 연구 방법을 새롭게 적용하고 연구 결과를 새롭게 도출하는 것은 쉽지 않다. 사실 큰 의미를 지니는 것도 아니다. 왜냐하면 연구의 성과라는 것은 기존의 학문적 성과를 바탕으로 하기 때문에 현격한 방법론과 결론을 적용할 수는 없다. 진리는 느닷없이 나오는 것이 아니라 약간의 진보를 의미하는 것이기 때문이다. 인간문명의 역사가 그것을 증명하고 있다. 그런 측면에서 자료의 수집과 정리, 적용이 무엇보다 새로워야 한다. 그러기 위해서 연구자의 성실성과 노력이 필수적이다. 학문의 의의도 거기에 있기 때문이다.

2. 논문의 종류

대학의 보고서는 연구(research)와 보고(report)와 비평(review)의 성격을 모두 갖고 있다. 이는 학술논문의 성격이기도 하다. 엄격히 분리할 수는 없지만, 이 세 가지 특성 중 어느 부분을 더 강조하느냐에 따라 연구논문과 보고서, 평론으로 나눌 수 있다.

연구논문은 새로운 자료와 연구방법을 통해 새로운 결론에 도달하는 과정을 보여 주어야 한다. 보고서는 주관적인 의견을 배제하고 객관성을 유지한 채 사실만을 전달하는 데 있어 정확해야 한다. 답사, 관측, 채집, 실험 등의 보고서가 여기에 해당한다. 평론은 일종의 안내서이다. 발표되었거나 출간된 저작물에 대해 소개하고 비판적으로 평가하여 보여주는 것이다. 그래서 평론을 읽는 사람에게 간접적 경험을 하게 한다.

3. 논문 쓰기 준비

1) 텍스트 선정

　연구대상으로 하는 텍스트를 선정하는 데 있어 충분한 이유가 있어야 한다. 첫째, 통시적 이유다. 이는 텍스트의 역사성을 말하는 것이다. 다루는 연구 대상이 유행에 치우친 것이 아니라 전통의 맥락에서 가치 있는 것이어야 한다. 둘째, 공시적 이유다. 이는 텍스트의 시대성을 말하는 것이다. 다루는 연구 대상이 현실에서 유리된 채 세상의 일과 무관하다면 아무리 화려한 내용이라 할지라도 가치를 찾기는 어려울 것이다. 이처럼 다루어야 할 텍스트는 역사적이고 시대적인 의미를 지녀야 한다.

2) 텍스트 읽기

- 핵심어를 찾자 : 텍스트에서 무엇을 읽어낼 것인가를 선택하는 것이다.
- 문제의식을 갖자 : 왜 이 텍스트를 읽어야 하는지 논리적 근거를 찾는 것이다.
- 가주제를 세우자 : 텍스트 선정이유와 텍스트 읽기를 통해 획득된 문제의식을 토대로 주제를 잡아보자.

3) 기존논의 검토를 위한 목록 작성

　논문을 쓰기 위해서는 적어도 다섯 종류 이상의 자료를 찾고 정리하고 적용해야 한다. 이 중 '사실'과 '의견'을 구분해야 한다. 논문에 쓸 수 있는 자료는 객관적 사실이어야 한다. 강의실에서 들었거나, 누군가 이야기한 내용이 아무리 확실하다 해도 자료로서 쓸 수 없다. 또한 '자기의견'

관 '원문내용'을 반드시 구분해야 한다. 이러한 구분 없이 가져 다 쓰게 되면 표절이 된다. 표절은 논문에서 가장 위험한 유혹이면서 범죄이기도 하다. 그러므로 엄격하게 인용했다는 근거를 마련하여 표시해야 한다.

- 일반적 개념 파악을 위한 자료 : 개론서, 사전류
- 문제해결과 주제설명을 위한 자료 : 단행본, 학술논문, 학술잡지, 기타자료
- 서지사항 정리
  - 다음 순서로 정리 한다 : 저자명, 서명(또는 논문제목), 발행장소, 출판사이름, 출판연월, 게재면.
  예) 이민호, 『김종삼의 시적 상상력과 텍스트성』(서울 : 보고사, 2004), 24쪽.

  - 자료의 채록 : 자료의 서문, 목차의 내용을 건너뛰듯 읽고 검토한 후 그 책(논문)의 장, 절, 항 순으로 처음부터 끝까지 훑어 읽은 다음 주요 부분을 취사선택하여 기록한다.

- 자료 정리와 개요 작성 : 미리 세웠던 논문의 지향점을 즉, 논지를 따라 자료를 정리하고 개요를 작성하여 배열한다.

4) 논문의 구성

논문은 크게 '제목-목차-서론-본론-결론-참고문헌' 순으로 구성한다.

- 제목 : 논문을 읽지 않고도 연구자의 의도를 파악할 수 있는 함축된

내용을 쓴다. 방법론, 연구대상, 연구결론 중 하나를 중심으로 표현하여 기술한다.

예) 김종삼시의 <u>텍스트언어학적</u> 연구, <u>1960년대 시</u>에 나타난 <u>탈근대성</u> 연구

■목차 : 목차를 보면 논문의 대략적 구성과 내용을 파악할 수 있다. 그러므로 유기적이고 구조적으로 목차를 구성한다. 목차는 항상 각각의 장, 절, 항이 서로 짝을 이루도록 유지 한다.

예)

> 〈목차〉
> 1. 서론
> 2. 음악과 회화적 주제에 의한 변주
> 3. 제1악장 ─ 빛과 그늘의 소묘
>   1) 아름다움의 멈춤과 가치의 전도
>   2) 전쟁과 죄의식
> 4. 제2악장 ─ 에토스와 파토스의 수채화
>   1) 평화의 번짐과 가치의 복원
>   2) 가난과 연민의식
> 5. 피날레 ─ 영원과 미완의 채색화
>   1) 아름다움과 평화의 대위법
>   2) 죽음과 초월의식
> 6. 결론
> 참고문헌

■서론 : 서론에는 적어도 다섯 가지의 요소를 갖추고 있어야 한다. '연구목적, 기존논의 검토, 문제제기, 텍스트 개설, 방법론 개설' 등이다.

예) 서론의 예

1. 서 론

문학은 충만을 꿈꾸지 않는다. 문학의 상상력은 결핍 이후에야 비로소 날개짓을 한다. 그것은 현실로부터 분리된 지향이며, 가공의 실존적 투사로 드러나는 것이다. 그리고 "시인의 상상력은 흉포와 와전을 거치며 고통에 가득 찬 탄생을 보게 된다." 이러한 언급은 1950년대 전후 시인의 시세계를 충분히 대변하고 있다. 특히 고통스런 한국의 현대사를 힘겹게 살다 간 김종삼 시인의 시세계를 탐구하는 상상력의 근거로 삼을 만하다.

김종삼 시인은 시공간을 초월하여 우리가 삶의 진리를 터득해 가는 도정에 이정표로 자리하고 있다. 그의 시가 우리에게 던지는 메시지는 인간성의 회복이다. 그의 시는 분단과 전쟁이라는 역사적 소용돌이 속에서 가난과 인간적 모멸을 겪어야 했던 우리 자신에게 잃어버린 모든 아름다움에 시선을 고정하도록 이끌고 있다.

김종삼의 시에 등장하는 많은 예술가와 아이들이 그 아름다움의 전령들이다. 그들은 인간 삶의 미와 추, 순수와 불결, 영원과 순간의 대척점에서 전자의 모습으로 시세계를 대변한다. 또한 그들을 통해 김종삼 시인은 한국 현대사의 질곡 속에 자리하고 있는 전쟁과 가난의 상처를 위로하고 있다. 그것은 현실적 상상력과 낭만적 상상력 속에서 우리에게 던지는 평화의 메시지이기도 하다.

또한 김종삼의 시는 현실 세계가 배제된 내면 풍경에만 몰두하지도, 자아가 투영되지 않은 세계를 그대로 옮겨 놓지도 않는 변증법적 지성의 측면에서 부정의 미학 그 자체이다. 그의 시는 자아와 세계와의 대립을 통해 동시대의 사상(事象)을 날카롭게 드러냄으로써 우리 심지(心池)에 커다란 파장을 일으킨다.

본고는 제한적으로 김종삼의 상상력을 지배하는 '아름다움'과 '평화'라는 특정 모티프에 초점을 맞추어 통시적 관점에서 그의 시를 살펴보고자

한다. (연구목적) 주제적인 측면에서 김종삼 시에 대한 기존 논의는 다음과 같다. (기존논의 검토)

김춘수는 김종삼의 존재론적 비애미를 언급하면서 하이데거의 시론을 수용한 시의 존재론적 의미를 근거로 김종삼의 시가 존재자로서의 무상성, 존재자의 근원적 슬픔을 노래하고 있다고 본다. 이에 대해 한계전은 그것을 허무의 미학으로 비존재의 존재로 보고 있다. 이승훈(1979)은 김종삼 시의 시적 모티프를 분단의식에 두고, 미학적 측면과 윤리적 측면이 변증법적 갈등과 긴장을 일으키며, 변화 발전한다고 보고 있다. 반경환은 현실적, 시대적 배경이 시인의 시세계에 미치는 영향을 고찰하여 식민지 시대 김종삼의 생활이 초기, 중기 시의 폐허의식으로 나타나고, 후기시는 따뜻한 삶에 대한 희원과 생활현실로 하향 회귀하는 것으로 파악한다. 이런 측면에서 최민성은 김종삼의 시를 방황의 정서로 김태상은 비극적 세계인식을 통해 고찰한다. 김시태는 김종삼의 방황을 순수의식의 발로로 파악한다. 또한 이승훈(1988)은 김종삼의 상상력을 지배하는 이미지를 물과 돌로 보고, 물은 평화의 열망을, 돌은 죽음과 응결로 파악하여 김종삼의 영혼 지향성을 언급하고 있다.

김현은 김종삼의 중심 의식을 비극적인 세계 인식으로 파악 그러한 연유로 김종삼의 시가 세계와 비화해적인 불화 양상을 띠고 있다고 본다. 황동규는 인간의 부재의식에 그 근원을 두고 있다. 이승원(1993a)과 조남익은 이승훈의 논의에 회의적 시각을 갖고, 김종삼의 내면 풍경을 음악과 관련하여 고찰하고 있다. 김종삼 시의 중심 주제를 죽음의식에 두고 있는 연구자들은 김태민, 백인덕, 오형협, 이승원(1993b), 장석주이다. 백인덕은 김종삼의 시적 변화를 죽음의식의 성장으로 장석주는 그의 죽음의식을 초월적 낭만주의로, 오형협은 비극적 낭만주의로 파악한다. 강석경과 윤병로는 전기적 생애와 관련하여 김종삼의 자유인 기질과 보헤미안 기질을 언급한다.

이러한 기존 논의를 통해 볼 때, 김종삼 시에 대한 연구는 공전하고 있다는 느낌을 지울 수가 없다. 그것은 주제적 측면에서 볼 때, 대다수의 논의가 중복되고 있을 뿐 아니라 일면적 고찰에 지나지 않기 때문이다. 김종삼의 시에 나타난 주제의식을 모더니즘 시의 보편성 안에서 예술지상주의적인 순수성으로 파악하는 경우가 그 하나이며, 한국의 역사 사회적 상황의 특수성 안에 그의 시를 안치시키려는 경우가 그 다른 하나다. 그러나 그 어느 경우도 일면적일 수밖에 없다. 이 둘을 통합한다 해도 김종삼의 시는 기형적일 수밖에 없다. 여기서 기존 논의가 간과한 점은 김종삼의 코스모폴리탄적 기질이다. 그것은 인류 보편주의적 개방성의 측면에서 폐쇄적인 보헤미안 기질과는 다른 것이다. (문제제기) 다시 말해서 김종삼 시인은 세계인으로서 보편성을 갖고 있고 한국인으로서 특수성을 소유하고 있다. 이러한 측면에서 볼 때, 그의 시에 수없이 등장하는 이국적 이름과 풍경이 이해될 수 있으며, 왜 그가 어린이에게 그토록 무거운 시적 섬광(閃光)을 쏟아내는지 해결될 수 있을 것이다.

　　또 하나 김종삼의 시는 통시적 접근이 어려워 보인다. 초기시와 말년의 시 모두에서 기존논의에서 언급한 이미지와 모티프가 발견되기 때문이다. 이런 측면에서 김종삼 시의 특징이 의식의 무변화성이라 할 수 있다. 이런 시적 무변화성은 그의 시를 귀족주의적인 시로 혹은 개성적인 시로 만들고 있다. 통시적 흐름을 파악하는 데 있어서 어려움을 가중시키는 원인은 제대로 된 작품 연보가 만들어지지 않았다는 데도 있다. 장석주가 편집한『김종삼 전집』역시 시집을 중심으로 엮어졌기 때문에 통시적 흐름을 파악하기 어렵다. 그런데 김종삼의 시집은 주로 시선집이기 때문에 초기시와 후기시가 혼재되어 있다. 더군다나 김종삼 자신도 초기시를 다시 발표하는 경우가 허다하다. (텍스트 개설)

　　이런 측면에서 본고는 두 가지 점에 초점을 맞추어 김종삼 시인의 주제의식을 탐색하고자 한다. 첫째, '아름다움'과 '평화'의 모티프를 한국적 가치를 벗어난 보편적 가치로 보고자 한다. 둘째, 그의 시집을 해체하고 작품을 발표순에 따라 추적하여 무변화 속에서도 변주되고 있는 그의 시

적 변이양상을 살펴보고자 한다. (방법론 개설)

■ 본론 : 다음 세 가지 과정을 거쳐 전개된다.

- 논거의 제시 : 텍스트와 관련하여 문제제기 한 것을 뒷받침할 자료를 제시한다.
- 논의 : 자기 것과 남의 것을 명백히 구분한 뒤 기존논의 검토와 더불어 기존논의 비판과 독창적인 의견을 제시한다.
- 논지의 전개는 귀납법과 연역법의 논리를 적절히 사용하여 전개한다.

예) 논거의 제시

2. 음악과 회화적 주제에 의한 변주

김종삼 시인은 시란 무엇인가에 대한 자문 자답에서 다음과 같이 말하고 있다.

詩란 무엇인가? 나는 이 어려운 문제에 답하기보다 내가 시를 쓰는 모티브를 말하고자 한다. 나는 살아가다가 '불쾌'해지거나, '노여움'을 느낄 때 바로 시를 쓰고 싶어진다.[1] (논거 제시)

이와 같은 '불쾌'와 '노여움'의 시학은 본고가 의도하는 '아름다움'과 '평화'의 시학으로 쉽게 변용될 수 있다. 그는 아름다움이 훼손당하는 순간에 불쾌했을 것이며, 평화가 깨어지는 것을 목도했을 때 노여웠을 것이다. 이때 본고가 김종삼의 시에서 보고자하는 '아름다움'은 내용이 없으며, '평화'는 형식이 없다. 만일 김종삼 시인이 국지적인 존재의식을 갖고 있었다면 그가 추구하는 아름다움은 한국적 의미로

---

1 김종삼, 「먼 '詩人의 領域'」,(『문학사상』 3월호, 1973), 317쪽.

채워져야 하며, 평화는 피해의식의 산물일 수밖에 없다. 그러나 그가 추구하는 아름다움은 어떤 목적의식을 요구하지 않는다. 그의 평화는 모두에게 열려진 형식이다. 그러므로 본고는 김종삼 시인의 존재의식을 좀 더 광의의 범주에 놓고 바라보고자 한다.

예) 논의

그런데
한 아이는
처마밑에서 한 걸음도
나오지 않고

—〈그리운 안니·로·리〉에서

그새
키 작고 현격한 간격의 바위들과
도토리나무들이
어두움을 타 드러앉고
꺼먼 시공 뿐.
선회되었던 차례의 아침이 설레이다.

—드빗시 산장 부근

—〈드빗시 山莊〉에서

머지않아 園頭幕이
비게 되었다.

—〈園頭幕〉에서

저는 <u>교외</u>에서 살고 있기 때문에 저의 학교도 교외에 있습니다.

-〈五학년 一반〉에서

나의 無知는 어제 속에 잠든 亡骸 쎄자아르 프랑크가 살던 寺院 주변에 머물렀다.

....

방 고호가 다니던 가을의 <u>近郊</u> 길바닥에 머물렀다.

-〈앙포르멜〉에서

위의 시들의 밑줄 친 부분처럼 시인의 시선은 위보다는 밑, 밝음보다는 어둠, 중심보다는 주변, 충일(充溢)보다는 비어있음에 가 닿아 있다. 이러한 사물의 주변성은 이 시기에 그가 추구했던 아름다움의 정체를 드러내는 것이라 하겠다. 그렇게 김종삼 시인은 중심적 가치보다는 주변적 가치에 의미의 무게를 더 둠으로써 기존의 일반적 미의 가치관을 전도시키고 있다. 힘과 현란한 색채의 에너지에서 분출되는 폭력적 아름다움이 아니라 작고 보잘 것 없는 숨죽인 것들의 내용 없는 아름다움을 더 높게 평가하고 있다. 그 내용 없는 아름다움을 표현하기 위해 그는 오직 빛과 그늘의 명암 효과만을 누렸다. 그 아름다움의 대상은 반드시 움직이는 것이다. 그리고 대상은 작고 왜소하다. 그 작은 움직임을 표현하기 위해 일시적으로 세상은 멈춰 있다. 주변적 대상에 대한 세심한 배려는 그가 한국의 폐쇄적인 상황으로부터 나와 세계적인 보편성을 획득할 수 있는 중요한 계기를 마련한다. 왜냐하면 당대 한국 시는 너무도 큰 대상과 감당할 수 없는 의미에 주눅이 들어 있었기 때문이다. 시와 세계 간에 시적 거리를 유지하지 못했다는 측면에서 시적 진정성이 결여되어 있었다.

<u>그러므로 김종삼의 시를 단순히 주지적인, 언어파적인, 난해한 시인으로 보기에는 그래서 순수시인으로 평가하기에는 그의 비어있는 부분을</u>

보지 않으려는 어떤 목적의식이 개입되어 있다고 보아야 할 것이다. 아름다움의 내용 없음을 보아내는 그의 개성은 우리 시에서 특수하다. 그러나 그 개성의 밑바탕에 인간 본연의 보편성이 자리하고 있음을 간과해서는 안될 것이다. (기존논의 비판)

…중략…

전쟁과 희생과 희망으로 하여 열리어진
좁은 구호의 여의치 못한 직분으로서 집없는 아기들의 보모로서
어두워지는 어린 마음들을 보살펴 메꾸어 주기 위해
역겨움을 모르는 생활인이었습니다.
……………………
그 여인의 시야는 그 어느 때이고
선량한 생애에 얽히어졌다가 죽어간 사람들 사이에 세워진 아취의
고요이고 아름다운 꿈을 지녔던 그림자입니다.

—〈여인〉에서

이 시를 통해 우리는 김종삼 시인의 초기 시에서 보이는 '그늘' 즉 주변성이 어떤 것인가를 잘 알 수 있다. 그것은 아름다움이다. 그러나 어떤 요구나 청원이 없는 본원적 아름다움이다. 그것은 전쟁을 희망으로 바꾸는 괴력을 부리며 성큼 다가선다. 그런 점에서 그의 시가 갖는 아름다움이 인류 보편의 가치임을 말할 수 있다. 비록 전쟁에 대한 묘사가 추상적으로 드러나지만 그가 다루는 전쟁의 역사적 소재나 상황은 국지적인 것이 아니다. 실제로 아우슈비츠의 유태인 학살과 한국 전쟁의 참상이 공존하고 있음을 볼 때 그러하다. (독창적인 의견제시)

■ 결론 : 다음 세 가지 내용을 담는다.

- 논지 전개한 것 요약 제시 : 새롭게 언급된 자신의 주장을 중심으로
- 연구의 미비한 점, 보완해야할 점
- 보고서의 가치와 의미

예) 결론의 예

6. 결론

  김종삼의 시는 '아름다움'과 '평화'가 응축(凝縮)되어 있다. 그러나 우리는 쉽게 그가 설정한 시의 나라에 갈 수가 없다. 그 나라에 들어간다 해도 풍경의 낯설음으로 해서 우리는 쉽게 공감할 수 없는 상태에 빠지곤 한다. 그것은 왜일까? 우리는 늘 그의 시에서 상투적으로 '아름다움'의 내용을 찾으려 했고, '평화'의 형식을 추구했다. 그래서 그와 함께 그의 나라에 갈 수 없는 것이다.

  그가 펼치는 시의 '아름다움'은 내용이 없다. 마찬가지로 '평화'에는 형식이 없다. 아름다움에 내용이 없다는 것은 미적 추구의 허위(虛僞)나 가식(假飾) 혹은 허상(虛像)을 말함이 아니라 그가 추구하는 아름다움의 보편성을 말하는 것이다. 누구도 그의 시에서 한국적인 전통적 아름다움을 보아내지 않는다. 간혹 읽혀지는 가족 간의 측은함과 이웃과의 공동체 의식조차도 그 밑바탕에는 인류 보편의 인본주의(人本主義)가 자리하고 있다. 그러므로 그의 시에서 전쟁은 우리만의 고립된 고통이 아니라 인류 전체가 함께 앓고 있는 전염병과도 같은 것이다. 그러기에 그의 눈에 유태인에 대한 학살은 그렇게 낯선 것이 아니다.

  평화에 어떤 형식을 부여하는 것은 진정한 평화가 아닐 것이다. 누구나 차별 없이 누리는 안식이어야만 한다. 그러므로 김종삼 시에 나타난 평화에 대한 추구는 분단된 한국 민족만의 형식이 되어서는 안 된다. 우리의 비극이 곧 인류의 비극으로서 확산될 때 큰 범주 안에서 우리에게 희망이 있는 것이다. 그것이 김종삼 시인의 생각인 것이다. 그러므로 김

종삼의 시에서는 낯선 이국의 풍경과 사람들이 함께 공존하고 그것이 그렇게 낯설게 보이지 않는 것이다. (논지요약제시)

　　이때 아름다움과 평화의 온전한 수혜자이며 그 전령(傳令)들이 '어린이'일 수밖에 없는 것은 당연하다. 김종삼의 시에서 어린이는 그들의 언어로 말할 때 인류의 아름다움이 유지되고 평화가 지속될 수 있기 때문이다. 이상으로 인간의 가치가 전도된 상황에서 그 가치를 복원하려는 한 코스모폴리탄의 궤적을 살펴보았다. 이것은 김종삼의 시를 새롭게 볼 수 있는 여지를 마련하는 중요한 전환점이라 할 수 있다. (보고서의 가치, 의미) 그럼에도 불구하고 차후 방법론을 더 보강하여 이와 같은 상징성을 구체화해야할 것이다. (미비한 점, 보완할 점)

■ 논문문장
- 명백하고 간결한 것이 그 생명
- 논문 문장에 주의해야 할 점 몇 가지
  - 논문에 쓰이는 용어나 어구의 사용은 엄정
  - 서술어의 시제는 현재형과 과거형만을 사용
  - 논문에서는 자기 자신을 표현할 때 3인칭으로
  - 논문에서 사용하는 숫자는 아라비아 숫자를 쓰는 것이 원칙

■ 인용문
- 인용문의 길이 : 인용문은 되도록 짧을수록 좋다.
- 직접 인용
  - 다음과 같은 경우에는 직접 인용해야 한다.
  ① 법률 조문, 정부 시행령, 중요 포고문, ② 수학이나 과학에서 쓰는 공식, ③ 필자가 표현한 대로 옮기는 것이 절대적으로 중요시될 때, ④ 어떤 특수한 생각이 특별한 표현 방법을 통해서만

표현되었을 때.

● 간접 인용

인용 부호는 쓰지 않고 인용문의 끝에 주석 번호를 달고 주석에서 그 출처를 명시

● 생략과 보삽(補揷), 강조

직접 인용일 경우, 필요한 부분만을 인용하기 위하여 어느 문장의 앞, 중간, 뒷부분을 생략하는 경우

예) 직접인용과 생략, 강조

> 문학은 충만을 꿈꾸지 않는다. 문학의 상상력은 결핍 이후에야 비로소 날개짓을 한다. 그것은 현실로부터 분리된 지향이며, 가공의 실존적 투사로 드러나는 것이다. 그리고 "시인의 상상력은 흉포와 와전을 거치며 고통에 가득 찬 탄생을 보게 된다."[2](인용문−강조/밑줄 필자) 이러한 언급은 1950년대 전후 시인의 시세계를 충분히 대변하고 있다.
>
> ———
>
> 2) Harold Bloom, *Anxiety and Influence : A Theory of Poetry*(New York : Oxford University Press, 1973), p.85.

예) 간접인용

> 돌각담이 무너지고 다시 쌓이는 이 리프레임의 과정에서 이상(李箱) 시의 한 전형보다는 음악을 경청할 때 마음속에 자리잡는 주제에 의한 변주를 더 실감하게 된다는 것이다. 포겨놓이던 돌각담이 마침내 세 번째가 비게 된 종결구에 와서 우리는 김종삼의 출구를 발견하게 된다는 것이다.[3](인용문−간접인용) 미완성으로 끝나는 그의 독특한 시적 전개를 감지하게 되는 것이다.
>
> ———
>
> 3) 김영태, 「音樂의 背景」, 『시문학』 8월호, 1972, 37쪽.

■ 주석
  ● 의미 : 정직한 글을 쓰기 위해 논문은 인용한 모든 사실, 의견, 전거, 출처를 정확하게 표시해야 한다. 특히 기획차원에서 남이 밝힌 의견이나 생각도 반드시 그 사실을 혀야 한다. 주로 각주형식으로 표현한다.
  ● 기재방식
    ☞ A형(K. L. Turabian) : 출판 연도를 맨 뒤에. 외주, 특히 각주의 형태로 '저자, 저서, 출판사, 출판연도, 인용쪽수' 순으로 적는다.
    예) 김영태, 「音樂의 背景」, 『시문학』 8월호, 1972, 37쪽.

    ☞ B형(APA : American Psychology Association) : 출판 연도를 필자명 다음에 괄호 안에 넣어 기재. 내주의 형태로 본문 서술하며 기입. '저자, 출판연도, 인용쪽수' 순서로 간단히 적는다.
    예) 김영태(1972 : 37)

    *저자, 저서, 출판지역, 출판사, 출판연도, 인용쪽수의 순서, 부호 등은 일정하지 않으며 경우에 따라 일관성과 통일성을 가지고 실행한다. (출판사, 학회지 등에 따라 다름)
    *단행본, 논문, 기타자료, 동양서적, 서양서적에 따라 기재양식이 다름.

  ● 단행본의 각주 달기
    ☞ 저자 1인의 경우
      조윤제, 『한국시가사강』(정정판; 서울 : 을유문화사, 1961), 120~135쪽.
      Barry Ulanov, *A History of Jazz in America*(New York : Viking Press, 1952), pp.50~163.

*외국서적의 경우 이탤릭체로.

☞ 저자 2인의 경우

이병기 · 백철, 국문학전사(서울 : 신구문화사, 1960), 85쪽.

René Wellek and Austin Warren, *Theory of Literature*(New York : Harcourt, 1956), p.50.

*저자 3인까지는 모두 기재한다.

☞ 저자 3인 이상인 경우

장덕순 외 3인, 『구비문학개설』(서울 : 일조각, 1971), 35쪽.

Bernard R. Berelson et al., *Voting*(Chicago : University of Chicago Press, 1954), pp.93.

☞ 자기 저서의 경우

졸저, 신고국어학사(서울 : 학연사, 1983), 120~165쪽.

*단행본의 표시 '『 』'는 규정이 아니라 선택사항임. 하지만 다른 종류와는 구별되게 해야 함.

● 논문의 각주 달기

☞ 단행본과 순서 동일, 논문의 표시 "", 「 」 등으로 하거나 아무 표시 없이 하기도 함.

외서의 경우 반드시 " "로 표시, 권호의 표시.

김길동, "백운소설연구"(『서강인문논총』 8집, 1964. 11.), 34쪽.

조동일, "가사의 장르 규정"(어문학 21, 1969. 12.), 99쪽.

박형택, "홍부전의 현실성에 관한 연구"(문화비평 제1권 제4호, 1969. 겨울), 81쪽.

Walter Kirchner, "The Life of Catherine Ⅰ of Russia"(*The American Historial Review* Ⅱ, January 1946), p.254.

● 기타자료의 각주 달기

☞ 백과사전 및 참고 자료 기사

1) 필자명이 있는 경우

남풍현, "이두,"『한국민족문화 대백과사전』(서울 : 한국정신문화연구원, 1991).

2) 필자명이 없는 경우

"샤머니즘,"『동아원색세계대백과사전』(서울 : 동아출판사, 1982).

☞ 신문 기사

1) 기사

"몽골 대초원에 뻗어나는 한국인의 기상,"『한겨레신문』, 2002. 3. 15 : 5.

2) 사설

"정치부터 대개혁을," 사설,『동아일보』, 1998. 11. 11 : 3.

☞ 인터넷 자료

"총선연대, 탈세 의혹 등 87명 공개," 조선일보, 2000. 4. 10, <http : //www.chosun.com/w21data/html/news/200004/200004100108.html>(10. Apr. 2000).

● 약식 주석 달기

: 같은 문헌을 두 번 이상 반복할 경우 다음과 같이 표시한다.

1) 백낙청 역, "리얼리즘과 현대소설"(창작과 비평", 제2권 제3

호, 1967. 가을), 124쪽.

2) 김동인, 『춘원 연구』(서울 : 신구문화사, 1958), 21쪽.

3) 백낙청 역, 앞의 글, 130쪽.

4) Barry Ulanov, *A History of Jazz in America*(New York : Viking Press, 1952), pp.50~163.

5) 김동인, 앞의 책, 25쪽.

6) Barry Ulanov, *Op. cit.*, p.200.

**Op. cit.* : Opere citato의 약자로 '이탤릭체'로 하며, 前揭書, 前揭 論文의 뜻.

☞ 바로 앞의 문헌을 반복 인용할 경우

1) 양주동, 『여요전주』(을유문화사, 1959), 113쪽.

2) 위의 책, 165쪽.

3) Michael Crichton, *The Andromeda Strain*(New York : Knopf, 1969), p.29.

4) *Ibid.*, p.36.

**Ibid.* : 라틴어 ibidem의 약자로 이탤릭체로 표시하며 上揭書, 上揭 論文의 뜻이다.

☞ 참고문헌에서 인용된 부분을 재인용할 경우
   : 원래의 출처와 재인용한 출처를 함께 표시

Claire Colebrook, *Irony*, Rourtledge, 2004, p.97(주완식, "한국 현 대시의 아이러니 두 양상 소고", 세계한국어문학 제5집, 2011, 277쪽에서 재인용).

■참고 문헌

: 논문을 쓰는 데 참고했던 모든 문헌은 논문 뒤에 <참고문헌>란에서 다시 정리한다.

다음 순서로 한다.

1. 자료-문헌 순으로 배열
2. 한국어 문헌에서 외국문헌 순으로
3. 저자 명 가나다순으로, 외국문헌의 경우 ABC순으로 (각주는 '이름, 성' 참고문헌은 '성, 이름'으로 표기)
4. 같은 저자의 경우 출판연도 순으로 배열.

예)

<참고문헌>

1. 기초자료

신동엽, 『금강』, 창작과 비평사, 2002.
신경림, 『남한강』, 창작과 비평사, 1994.
김용택, 『섬진강』, 창작과 비평사, 2003.

2. 국내논저

김우창, 「신동엽의 「금강」에 대하여」, 『창작과 비평』, 1968. 봄.
김재홍, 『현대시와 역사의식』, 인하대학교 출판부, 1988.
김진아, "발터 벤야민의 모더니티 연구", 홍대 미학대학원 석사논문, 1997.
민병욱, 『한국 서사시의 비평적 성찰』, 지평, 1989.
_____, 「신경림의 『남한강』 혹은 삶과 세계의 서사적 탐색」, 『시와 시학』, 1993. 봄.

3. 국외논저

  Hegel, Georg Wilhelm Friedrich, 두행숙 역, 『헤겔미학Ⅲ』, 나남출판,
      1996.

  Jameson, Fredric, *The Political Unconscious : Narrative as a Socially Symbolic
      Act*. London : Methuen, 1981.

  Jan Mohamed, Abdul, "The Economy of Manichean Allegory : The
      Function of Racial in Colonialist Literature", *Critical inquiry 12*,
      1985.

연습 문제 다음 순서대로 자료를 인용하였다. 각주를 달고 참고문헌을 정리하시오.

1) 김윤식이 바이북스에서 2010년 발간한 책 '이병주와 지리산'의 18쪽을 인용하였다.
2) 김윤식이 문예지 '한국문학' 2007년 봄호에 발표한 논문 '내일없는 그날'의 250면을 인용하였다.
3) 이보영이 1999년 홍익대학교에서 발표 한 박사학위 논문 "이병주론" 중 32page를 인용했다.
4) 이보영의 3)번 논문 20~30쪽을 다시 인용했다.
5) 김윤식의 1)번 책 중 30~32면을 인용했다.
6) 이재복, 남재희, 송재영이 함께 쓴 '그를 버린 여인' 중 58면을 인용했다. 이 책은 국학자료원에서 2010년에 발간되었다.
7) 이보영의 3)번을 그대로 다시 인용했다.
8) 정호웅, 장석주, 김주연, 김종회가 공동발표한 논문 "지리산과 한국문학"의 100쪽을 인용했다. 이 논문은 2009년 학회지 '국제어문' 3월호에 발표되었다.
9) Erving Goffman이 쓴 책 Frame analysis의 10쪽, 13쪽을 인용하였다. 이 책은 1974년 메사추세츠(mass) 소재 Harvard University Press에서 발간되었다.
10) Barbara Babcock이 1980년 Semiotica 30집(vol. 30)에 발표한 "Reflexivity"의 1page를 인용했다.
11) 10번 글 2쪽을 다시 인용했다.

2부
직장생활과 기술문서

대학을 졸업하고 직장에 취업하면 곧 맞닥뜨리게 되는 문서들이 있다. 대학 교과과정에서 특별히 경험하지 못했기에 당황하기 일쑤며 적응하는 데 시간이 걸린다. 물론 현업에서 업무를 수행하는 과정에서 자연스럽게 교육이 이루어지겠지만 실용적 문서에 대해 거부감 없이 대할 수 있다면 보다 효과적으로 직장생활을 할 수 있을 것이다. 특히 '자기소개서'는 취업에 이르기까지 매우 중요한 글쓰기로서 꼼꼼히 챙겨야 한다.

01
자기소개서

1. 다음 내용을 뼈대로 삼아라

    (1) 성장과정

    (2) 성격의 장, 단점

    (3) 입사 지원 동기

    (4) 장래 희망과 포부

■ 성장과정 정리를 위해 <자기연보> 작성하기

    ● 연대순으로 나열

    ● 재미있게 극화하자(객관화)

예) 자기연보

-1960년 7월 5일, 미명에 태어났다고 함. 아버지는 타관에서 공무원으로 근무중, 증조부를 여의고 난 후 귀향. 읍내 시장에 서민금융(시장 상인들을 상대로 한 신용조합의 일종)을 운영하는 한편 농사도 지었음.

-조부모, 종조모, 부모, 고모 셋, 삼촌, 아홉 살 위인 형, 여섯 살 위인 큰 누이, 세살 위인 작은 누이, 머슴까지 합해 열세 명이 밥상에 둘러앉는 대가족. 3년 후 남동생, 또 3년 후 여동생이 태어나 최고 15명분의 수저를 밥상에 놓아야 했음. 따라서 밥상이 생존에 결정적인 영향을 끼친다는 것을 저절로, 확실히 깨닫게 되고 밥상을 연모하는 마음을 평생 가지게 됨.

-스무 살 때까지 편식. 물고기, 뭍고기를 먹지 않는 식성이어서 반드시 그것을 먹어야만 하는 다른 식구들에게 우호적인 대우를 받음. 최초로 돼지갈비를 먹은 것은 군대 시절 휴가 때로 '야, 이놈들이 이렇게 맛있는 걸 저희끼리만 처먹고 살았구나.'하고 바글거리는 옆자리 손님들에게 눈을 부릅뜬 적이 있음.

-1967년 국민학교 입학. 여리고 청초한 처녀를 담임선생으로 맞아 사모하는 마음을 가누지 못함. 그 해 겨울 선생은 결혼식을 한다고 학교에 나오지 않았음. 그때 딴 녀석들은 수업시간이 줄어들어서 좋다고 책상에 뛰어오르는 등 광란을 하며 환호했는데 홀로 집으로 돌아가는 길, 십릿길을 울면서 걸었음. 다시는 여선생을 사랑하지 않으리라 결심.

-2학년 때 담임선생은 여성은 여성이었으되 영국의 대처 수상을 연상케 하는 강철 같은 의지와 철권의 소유자. 감히 딴 마음을 품을 수 없어서 책으로 관심을 돌림. 집에 있던 책들은『옥루몽』,『금병매』,『수호전』,『연산군』같은 소설에 그림으로 보는 이야기성서(이야기로 읽는 그림 성서였나?), 축산전서, 정체불명의 일본 추리소설,『사랑이 메아리 칠 때』같은 저자 불명의 연애소설, 경향잡지(가톨릭 교회에서

간행하는 잡지) 따위. 그걸 읽고 또 읽고 또 읽고 또 읽고 하다 보니 학교에서 보고 배우는 이야기는 한 마디로 우스웠음. 따라서 학교에서 내내 실실 웃고 지냄.

—3학년 때 『아라비안 나이트』와 셰익스피어의 『햄릿』, 중고등학생용 자유교양신서를 만남. 읽고 또 읽고…… 각 백번은 읽어 독서백편의자현이라는 말뜻을 체득하게 됨.

—4학년 때 백일장에 나가 「노을」이라는 제목으로 '노을 보면 시집 간 누나가 생각난다'는 요지의 거짓말을 주워섬겨대 당선 있는 가작상을 받음. 그때 누나는 고등학생으로 혼사는 십년 후에나 고려할 나이였음. 그 다음부터 갖가지 백일장에 반대표, 학년 대표, 학교 대표로 나가게 됨. 거짓말 선수가 됐음.

—6학년 때 대학에 다니던 형의 죽음으로 졸지에 장남이 됐고 무관심 속에서 누리던 은일과 평화의 시대는 종막을 고함.

—교내 폭력의 전성기에 거의 한 대도 맞지 않고 국민학교를 졸업. 졸업식 때 받은 상은 육성회장상인데 부상은 주판.

—1973년 아버지와 형이 졸업한 중학교로 진학. 자전거로 통학했음. 한없이 긴 방죽을 따라 등교를 하다가 보면 한심하면서 슬퍼지는 때가 많았음. 여름에 부모님이 식솔을 이끌고 서울로 이사, 조부모와 커다란 시골집에 남게 됨. 담임선생과 세계관이 맞지 않아 불화. 도서실에서 책을 훔쳐 나오다 적발된 이후 학교에 가기가 싫어 시냇가에 앉아 혼자 가르치고 혼자 배우는 시간을 보냈음. 그때 공책을 찢어 띄워 보낸 종이배는 지금 어디에서 항해를 멈추고 쉬는지.

—2학년 봄에 서울로 전학. 말이 서울이지 구로공단의 배후지인 가리봉동이라는 변두리 동네는 수채가 질질 흐르고 비닐 조각에 흙먼지가 풀풀 날리는 가운데 산업 전사들이 사단급, 군단급으로 출퇴근을 반복하는 지옥 같은 수용소였음.

—독서실이라는 해방구에서 변두리 동네 사춘기 소년들이 즐기는

갖은 장난을 다 배우고 익힘. 여자 목욕탕을 들여다보다 보일러실 할아버지에게 잡혀서 예배당 종소리가 나도록 맞았음. 복수를 위해 세 번을 더 떼지어 출격했으나 처음처럼 많은, 아리따운 여인들을 볼 수는 없었음. '나는 봤다!'고 목욕탕 벽에 낙서를 하는 것으로 복수를 마무리.

—1976년 2월 중학교 졸업. 지옥구 졸업. 뺑뺑이(추첨)으로 혜화동의 경신고등학교로 진학. 지금은 고인이 되신 은사(주호수 선생)를 만남. 매타작 전문가인 선생의 덕분으로 문예반에 들고 교지 편집이라는 걸 하고 1년 만에 문예반을 탈퇴하고 바둑도 두고 술도 마시고 선생이 압수해 집 안에 쌓아 둔 무협지도 읽고. 어릴 때 읽어 둔 책들이 드디어 진가를 발휘, 40대의 성인과 대등한 사고를 하는 이상한 고등학생이 되는 데 성공하여 선생한테서는 한 대도 맞지 않았음.

—연세대에 진학(정법계열). 후에 법학으로 전공을 정함. 법학을 전공으로 한 것은 고시생들이 많아 출석을 잘 부르지 않는다는 게 가장 결정적인 이유.

—기형도라는 인간을 만나 그가 나가는 사교집단 연세문학회에 들어감. 교주는 문학이었고 교주 권한대행은 술, 주정, 성원근(작고 시인)의 철권, 시 합평회의 난도질 등등. 성원근에게 한 대도 맞지 않고 무사히 군대로 감.

—군대 시절 벗들과 수많은 편지를 주고받으면서 글의 위대함에 대해 눈을 뜸. 파블로 네루다(칠레의 시인), 『창작과 비평』 영인본, 『문학과 예술의 사회사』, 『미술의 역사』, 『음악의 역사』, 『철학사』, 『전쟁사』, 『역사란 무엇인가』를 접함.

—1984년 복학. 기형도의 인도로 교내신문인 연세춘추에서 주관하는 「윤동주 문학상」에서 낙선. 그때 심사위원은 정현종. 희곡은 당선작 없음으로 낙선. 심사위원은 오태석. 소설(「박영준 문학상」)이 가작 없는 당선으로 간신히 체면 유지. 심사위원은 잘 기억나지 않음.

－1986년 6월 월간『문학사상』의 신인발굴에 시「유리 닦는 사람」외 4편으로 등단. 졸업 후 출판사에 취직.

－11월 출판사 사직하고 제주－해남－상주로 이어지는 순례 시작. 6개월 정도 이 절 저 절을 돌아다님(절에서 생활을 하게 된 건 종교 때문이 아니라 식성 때문임).

－1987년 겨울, 동양시멘트라는 회사에 취직. 홍보 일을 봄.

－1991년 그 동안 발표한 시를 모아 첫 시집『낯선 길에 묻다』(민음사)를 냄. 판매실적 저조.

－1993년 8월 해마다 거듭된 시도 끝에 직장을 그만두는 데 성공. 주특기인 놀기에 탐닉, 마냥 신나게 먹고 놀았음.

－1994년 여름, 편서풍과 북태평양 고기압의 대결장이 된 서울 신림동 산자락 하숙집에서 악전고투 끝에 시도 아니고 소설도 아닌 이상한 글을, 미욱스럽게 책 한 권 분량이나 쓰게 됨. 그 해 겨울『그곳에는 어처구니들이 산다』(민음사)로 펴냄. 판매실적 부조.

－1995년 1월 산문집『위대한 거짓말』(문예마당)을 냄. 판매실적은 물어보나마나.

－계간『문학동네』여름호에 단편「내 인생의 마지막 4.5초」를 발표함으로써 소설가 행세를 시작하게 됨. 단편「금과 은의 왈츠」, 단편「첫사랑」, 단편「이른 봄」을 발표하는 한편 장편『왕을 찾아서』를 흑심을 가지고 씀. 96년 2월『왕을 찾아서』(웅진출판) 드디어 출간. 그러나 또 판매실적 저조. 이래도 안 되고 저래도 안 되면? 모르겠다.

－6월 교통사고로 다리를 다침. 성한 왼쪽 다리도 노리는 인간들이 많은 세상에서 힘겹게 살고 있음. 낫기만 하면 손보아 줄 인간들 역시 많은 세상에서 야망을 가지고 살아가고 있음.

－단편「새가 되었네」,「황금의 나날」, 중편「스승들」을 보태 96년 7월 첫 창작집『새가 되었네』(도서출판 강)을 펴냄. 판매실적은 말하지 않겠음.

－중편「어린 도둑과 40마리의 염소」(96년『문예중앙』, 가을) 발표. 계간『리뷰』에 장편「왕의 인생」연재 시작.

　－1998년 1월 짧은 소설(콩트, 자유단편, 엽편소설이라는 장르와 비슷하기도 하고 아니기도 해서 뭐라고 이름붙이기 힘든 제 멋대로의 팬서비스)을 모은『재미나는 인생』(도서출판 강) 출간.

　－단편「조동관 약전」, 「경두」, 「아빠 아빠 오, 불쌍한 우리 아빠」, 「이인실」, 「통속」, 「유랑」, 「고수」, 「칠십년대식 철갑」, 「비밀스럽고 화려한 쌍곡선의 세계」등을 사방에 발표.

　－1997년 5월부터 7월까지 PC통신 하이텔에 장편「궁전의 새」연재.

　－1997년 6월 두 번째 창작집『아빠 아빠 오, 불쌍한 우리 아빠』(민음사)를 출간. 판매실적 약간 호전. 두 번째 시집『검은 암소의 천국』도 발간. 기분이 난 나머지 경기도 이천에 작업실을 짓고 왔다갔다하면서 길에 시간을 뿌려대는 주특기를 다시 과시하기 시작.

　－가을에 단편「유랑」으로 제30회「한국일보 문학상」을 받음. 문학상으로서는 전례가 드물게, 개인적으로는 전례에 합치하게 2인 공동 수상.

　－최근작으로는 단편「붐빔과 텅 빔」, 「소설쓰는 인간」.

　－1998년 봄 현재, 원고노동자, 사과나무에 홀딱 반한 자, 막걸리잔에 복숭아 달리기를 기다리는 인간 등 스무 개 정도의 직업 내지는 비공식 직함을 가지고 있음.

－성석제, 「성석제가 쓴 성석제」

2. 유의 할 점

1) 개성 있게 쓰자

구체적이고 생생한 경험들을 소개하는 것이 바람직하며, 추상적이거나 상투적인 어휘는 사용하지 않도록 한다. 또한 남들이 흔하게 사용하는 언어, 유행어처럼 어디서나 들어서 이미 낯익은 언어들도 되도록 사용을 피하는 것이 좋다. 자신만의 제목을 붙이는 것도 좋다.

2) 솔직하게 쓰자

거짓된 내용, 자신을 미화시키는 내용은 안 된다. 단점을 장점화하는 방식을 취하자.

3) 간단 명료하게 표현하자

단문을 사용하여 짧게 쓰도록 하자. 접속사 사용, 같은 말 반복 사용 피하자. 자기소개서 분량은 200자 원고지 7장정도 적합.

4) 일관성 있게 쓰자

주어 서술어 일치 문제, 내용의 일관성 문제, 호칭, 종결형 어미, 존칭어 등 일관되게.

5) 한자를 적절히 사용하자

한자 혼용을 적절히 하자.

6) 시간적 여유를 가지고 쓰자

■ 자기소개서 일반적 사례

자기 소개서

▌성장과정

1977년 어느 겨울날, 한 조용한 시골집에서 제가 태어났습니다. 성실하신 아버지와 누구보다 따뜻한 마음을 가진 어머니의 가르침과 보살핌으로 뜻하는 바대로 학업 생활을 할 수 있었습니다.

학창시절 다른 과목에 비해 유난히 좋아했던 영어를 공부하기 위해 저는 1997년 ○○대학교에 입학하였습니다. 좋아하는 전공을 선택 할 수 있게 된 저는 학업을 열심히 하면서도 다양한 경험을 쌓는 것을 게을리 하지 않았습니다. 특히 1학년과 3학년. 미국으로의 어학연수는 실제 어학능력 향상 기회 외에 저에게 넓은 세상에 눈을 뜨게 해준 소중한 경험이었습니다.

1997년 겨울, 저는 활기 넘쳤던 학창생활을 뒤로 하고 군에 입대. 수많은 훈련과 단체생활을 통해 나 자신을 극복하는 방법과, 공동체 생활을 배운 저는 한층 성숙한 몸과 마음가짐으로 2000년 제대하여 곧 바로 복학, 학업에 열중하였습니다. 그리고 2003년 대학과정을 무사히 마친 저는 이제 넓은 세상을 향해 힘찬 발걸음을 내딛으려 합니다.

▌성격 및 생활신조

• 성격 :

활발하고 적극적이다 라는 말을 주위로부터 많이 듣지만, 그와는 반대로 내성적인 일면이 있기도 합니다. 그리고 누구와도 쉽게 어울리고 그들의 이야기를 잘 들어주는 탓에 주변에 항상 좋은 친구들이 많이 따르곤 합니다. 하지만 그와는 반대로 내 일에 관해서는 쉽게 결정하지 못하는 단점이 있습니다. 그렇기 때문에 어떠한 결정을 내리는 상황에서도 조금 더 깊이 생각하고 자신있는 모습을 보이려는 습관이 있습니다.

● 생활신조

수련하는 자는 좋아하는 자를 이기지 못하고 좋아하는 자는 즐기는 자를 이기지 못한다. 라는 말이 있습니다. 어떠한 일을 하던지 간에 마음가짐이 중요하다는 뜻 입니다. 이렇듯 저는 어떠한 일을 하던지 즐기는 마음가짐으로 임하려고 노력하고 있습니다. 그리고 진정 그 일을 즐길 줄 알 때에 그만큼에 성과가 있을 것이라고 생각합니다.

▍입사 후 포부

사람은 누구나 자신만의 꿈을 가지고 살아갑니다. 어떤 이는 돈이 좋아서 일생을 돈을 모으는데 쓰기도 하고, 또 어떤 이는 명예를 중요시 하여 보다 높은 자리에 오르기 위해 평생을 노력하기도 합니다. 그러나 저는 진정 행복한 인생이란 자신이 자기 인생의 주인이 되어서 인생을 즐길 줄 아는 사람이라고 생각합니다. 이것은 직장 생활을 하는데 있어서도 마찬가지라고 생각 합니다. 진정 자신의 일을 아끼고 자신의 직장을 사랑하는 자 만이 즐거움을 가지고 일 할 수 있고 또 그만큼 좋은 결과를 나타내게 될 것이라고 생각합니다.

3. 형식

(1) 자서전　　　(2) 광고형　　　(3) 인터뷰　　　(4) 기사형

4. 자기소개서 사례와 강평

■ 수정 전 자기소개서

※아동상담센터의 아동상담사를 취직하기 위한 자기소개서※[1]

만약 한 아동이 주위의 환경에 의해 고민을 가지고 있다면[2] 반드시 그 아동의 고민을 들어주어야 합니다. 아동도 어른과 마찬가지로 주위를 느끼고[3] 생각하며 고민을 합니다. 다만, 아동은 그 고민과 생각을 어휘력의 한계로 표현을 하지 못하는 것뿐입니다. 저는 아동의 생각과 고민을 듣고 그 아이에게 최선의 도움을 주고 싶습니다.[4] 저는 어렸을 때부터 내성적인 성격의 면[5]이 많은 비중을 차지했습니다[6]. 그래서 여러 가지 생각이 많았고 고민도 많이 했었습니다. 지금은 개방적으로 변했지만, 제가 어렸을 때의[7] 그러한 생각과 고민을 누가 들어주었다면 제가 개방적이고 밝은 성격으로 좀 더 빠르게 변했을 지도 모릅니다. 저와 같은 성장을 하고[8] 있는 아이들이 있을 것입니다. 그리고 부모나, 주위의 환경에 힘들어 하는 아이들도 있을 것입니다. 저는 이러한 아이들의 고민과 생각을 아무런 선을 긋지 않고[9] 들어주려 합니다. 저는 그 아동의 입장에서 넓은 이해심으로 감싸주며 전문적인 상담의

---

1 따로 제목을 달기 바란다. 개성적인 제목을 생각해 보는 것이 좋겠다.
2 어색한 문장이다. 영어식 표현이다. → '주위환경 때문에 고민이 있는 아동이 있다면'으로 수정.
3 무슨 말인지 불분명하다. 다른 표현으로 수정.
4 자기 소개의 도입부로서 부적절하다. 무슨 보고서 첫 줄 같다. 왜 네가 아동상담에 관심을 갖게 되었는지에 대한 구체적인 사건이 있었으면 싶다.
5 우리말이 아니라, 일본식 표현이다.
6 부자연스럽다. 단순히 '어렸을 때부터 너무 내성적이었다' 하면 그뿐이다.
7 습관적으로 관형격 '의'를 쓰고 있다. 생략 가능하며, 가능하면 쓰지 않도록 주의한다.
8 → '처지에'
9 → '편견없이'

길을 걷고자 합니다. 저에게는 5살 어린 여동생이 있습니다. 항상 여동생과 지내다 보니 저를 만나는 친구들은 제가 이해심이 많다고 합니다. 저는 저의 이해심으로 아동의 상처와 고민과 생각을 제 품에 안고 싶습니다. 그래서 아동이 저를 믿고 저에게 자신의 마음을 보일 수 있게 신뢰감을 주려 합니다.[10] 저는 무엇에 관하여 제 생각만을 말하는 경우가 있습니다㉠ 이것이 사회생활 하기에 난처함을 줄지도 모르지만 저의 이러한 점을 활용해 아동에게 주는 사회적 환경에 저의 목소리를 뚜렷하게 내비칠 것입니다. 그래서 아동이 좀 더 좋은 환경과 울타리 안에서 자랄 수 있게 도와줄 것입니다. 저는 상대방이 하는 말을 잘 들어줍니다.㉡[11] 또한 무엇이든 관찰하는 것을 좋아합니다. 저는 정이 많아서 만약 상대방이 어려움에 처할 경우에 도움을 주고자 노력하는 사람입니다. 제 자신에 대해 많이 생각해 본 결과 이러한 좋은 점들이 제 안에 숨어 있다는 것을 찾을 수 있었습니다. 이러한 좋은 점들을 활용할 수 있는 직업이 상담사라는 것을 알 수 있었습니다. 상담사의 길이 쉬운 것이 아님을 알기에 저는 끊임없이 노력하는 상담사가 되도록 노력할 것입니다. ―끝―[12]

*전체적으로 내용상 '입사지원동기'와 '장래 포부' '자신의 능력' 등이 구체화되지 못하고 있다. 좀더 구체화 할 것. 그러기 위해서 '아동상담사'라는 직업에 대한 철저한 자기 이해가 필요하며, 지원하려는 '아동상담센터'에 대해 더 많은 정보를 갖고 있어야 한다. 그래서 그 센터가 어떤 조직이며, 어떤 구성원들이 있는지, 그래서 자신이 거기서 어떤 일을 할 수 있고, 하고 싶은 지에 대한 자세한

---

10 '이해심' 정도로는 미흡하다. 구체적이지 못하다. '아동'이란 표현도 어색하다. 그냥 '아이들'하면 안 될까?
11 ㉠과 ㉡은 서로 모순이다.
12 이런 말은 쓰지 않도록 한다.

■ 수정 후 자기소개서

아이들의 편안한 친구가 되고자 노력하는 상담사[13]

저의[14] 사촌동생이 유치원에 다닐 때, 틱 장애를 보인 적이 있었습니다. 사촌동생은 상담과 치료를 병행한 덕분에 초등학교에 입학할 무렵엔, 더 이상 틱 장애가 나타나지 않았습니다. 이때부터 저는 아동상담과 심리치료에 대해 관심을 가지게 되었습니다. 저의 사촌동생이 틱 장애가 다 나아서[15] 예쁘게 웃는 모습을 보았습니다. 그때, 저는 상담과 심리치료는 자라나는 아이들에게 행복을 주는 선물이라 생각하였습니다. 저는 이 센터의 여러 치료와 상담 중, 아동과 청소년 상담을 하려 합니다.[16] 아이들의 고민을 듣고 해결하는 데 도움을 주어 그 아이가 이 세상을 살아가는데 기쁨을 주려 합니다.[17] 상담을 하면서 아

---

13 제목 불만이다. '편안한 친구' '노력' 등의 표현이 이 글의 특징을 제대로 전달하지 못하고 있다. 그 말은 본문 내용도 평범하다는 증거다.
14 자기 소개서이므로 서술자는 항시 '나'다. 그러므로 나를 밝히는 말을 반복적으로 사용하는 것은 눈에 거슬린다. 꼭 필요한 경우에만 사용하고 웬만하면 생략하자.
15 복문이 되었다. '사촌동생'과 '틱 장애'가 모두 주어이기 때문에 어색하다.
→ '사촌동생이 틱 장애 치료를 받고 완치되어….'
16 센터의 조직과 프로그램에 대해서 전문적 용어를 쓰지 않는 것을 보니, 제대로 센터에 대해 정보를 얻지 않은 것 같다. 어색하다. '여러 치료와 상담', '아동과 청소년 상담'이 함께 놓인 것이 부자연스럽다. 층위가 어떻게 되는가? '…하려합니다.'는 저 쪽에서 아직 허락도 없는데 스스로 결정한 어투다. '하고 싶다'고 해야 한다.
17 아동과 청소년 상담 업무에 대해 구체적으로 어떤 분야에 도움이 되는지 서술해야지. 그냥 이해하고 도움이 된다는 것은 누구나 하는 일이라 할 수 있다.

이들의 슬픔은 반으로, 기쁨은 배가 되도록 만들고 싶습니다. 저는 관찰력이 뛰어납니다.[18] 어렸을 때는 자연을 관찰하는 것이 즐거워 탐구 보고서를 써서 상을 받기도 했습니다. 이제 저는 관찰의 초점을 아이들의 눈과 마음과 생각에 두려 합니다. 사람의 마음은 변화무쌍합니다. 마음에 햇빛이 들 때도 있고, 비가 내릴 때도 있고, 때론 사랑을 받지 못해 건조할 때도 있습니다. 특히 자라나는 아이들과 청소년들은 주변의 수없이 많은 자극에 마음이 수시로 바뀌어 지기도 합니다.[19] 이러한 마음의 변화를 듣고 이해해 주면서 아이들에게는 제가 언제나 뒤에서 받쳐주고 있다는 것을 인식하게 해주려 합니다.[20] 고민과 생각은 품고 있는 것보다 그 품고 있는 것을 누군가가 들어주는 것만으로도 마음이 편해지듯이, 저는 모든 것을 편견 없이 감싸줄 자신이 있습니다. 이 센터는 참으로 아늑하고 편안하구나, 라는 것을 느끼게 합니다.[21] 또한 가족상담, 놀이치료 등 모든 상담과 치료를 총망라하기에 매우 든든합니다. 이 세상에 빛을 내어주는[22] 것 같습니다. 저는 언제나 강하고도 너그러운 마음과 전문지식을 가지고 최선을 다해 상담에 임할 것입니다.[23]

  *전체적으로 문장 표현이 부드러워진 느낌이다. 그런데 내용상 너무 단출하다. 개성적인 부분이 아직도 부족하다. 분량도 적고. 자신을 팔 수 있는 상품성이 부족하다. 전문성이 더 가미되었으면 한다.

---

18 자신의 유일한 특기와 전문성이 이것 뿐이라면, 안된다. 자격조건으로 미흡하다. 이 부분이 가장 중요하다. 왜 내가 적임자 인지 튼튼한 증거가 있었으면 한다.
19 틀린 표현 → 바뀌기도 합니다.
20 → 인식시키고 싶습니다.
21 센터에 대한 구체적 정보가 없구나? 너의 관심이 지대하다는 것을 보여주어야 한다. 여러 센터 중에서도 지원하려는 센터의 특징을 빨리 집어내 보도록 하자.
22 → 주는 것.
23 상투적이다. '최선'은 어떻게 해야하는 것인가? 스스로 고민해 보자. 관념적이다. 되도록 관념어 사용은 지양하자. '임하다' 역시 마찬가지다.

> 아동심리 상담사에게 필요한 전문적 지식이 뭔지 생각해보자. 자격 증문제, 전공 수강문제, 구체적인 상담 경력, 봉사활동 등등.

■ 특정 회사 양식

> 1. 입사지원 동기 및 지원하신 직무를 잘 수행할 수 있다고 생각하는 이유를 본인의 경험과 관련하여 기술해 주세요.
>
> '원작 게임, 만화만 따라하는 회사?'[24]
>
> 주위에 친구들한테서[25] 이런 이야기를 들은 적이 있습니다. "CJ인 터넷은 기존에 있던 게임만 조금 가공해서 서비스를 하는 것 같아." 저는 조금 다르게 생각합니다.[26] 저는[27] "대항해시대나 진 삼국무쌍을 다른 사람들이랑 즐길 수 있으면 좋을 텐데……"[28]라는 생각을 해왔고 이런 인기게임들을 온라인화 하는 것을 보고 참 창의적이고 고객의 니즈를 파악할 줄 아는 회사라 생각해[29] 매력을 느꼈기 때문에 이렇 게 지원을 하게 되었습니다.[30]
>
> '현장에서 발견한 흥미'[31]
>
> 저는 전산시스템실[32]에서 웹 프로그램 개발 및 전산망 관리병 역할

---

24 중간제목으로 양호! 문장부호 수정요망.
25 생략 하자!
26 "그러나 저는 그렇게 생각하지 않습니다."로!
27 반복해서 쓰지 말자. 한 번 정도만 쓰도록 하자.
28 이 부분을 좀더 부각시키기 위해 구체적이고 실체적인 내용, 상황 등을 덧붙이자. 특히 대화투로 하지말고 차분하게 설명했으면 한다.
29 너무 많이 반복하고 있다.
30 성급하다. 생략하고 뒤에서 쓰도록 하자.
31 'only one!' 정도로!
32 소속을 밝히는 것이 좋다. '군대~'

을 2년 동안 수행을 했습니다. 부서의 특성상 <u>저는</u> 일병으로 갓 진급할 무렵부터 전역할 때 가지인터넷과 국방 망을 통해 총 xx[33]개의 웹 프로그램 개발과, 데이터베이스 관리, 교내 약 2000명과 교외 방문객을 위해 쓰이는 서버 및 전산 장비들을 유지보수를 함으로써 웹 개발이 어떤 것인지, 조금이나마 맛 볼 수 있었고, 일을 하면서 <u>'어떻게 하면 백업체계를 더 최적화 할 수 있을까?', '어떻게 하면 조금 더 고객의 요구사항을 충실히 반영하고 위험성을 줄이며 웹 프로그램을 개발할 수 있을까?'</u>[34]에 대한 고찰에 보람과 흥미를 느꼈습니다. <u>아직 많은 것을 모르고 부족하지만 자기가 흥미 있는 일에 매진을 하다보면 저절로 신이나 자기개발도 하고 역량을 발휘해 회사에서 필요로 하는</u>[35] Only One이 될 수 있다고 생각을 합니다.

2. 입사 후 이루고 싶은 목표는 무엇이며, 목표를 이루기 위하여 어떠한 준비와 노력이 필요하다고 생각하는지 기술해 주세요.

　　<u>'specialist와 generalist를 복수전공 하자'</u>[36]

　　제가 하고 싶은 주 업무는 웹 개발입니다. 최신 트렌드와 실력을 겸비하여 <u>이 분야에서 최고가 되고 싶습니다.</u>[37] 하지만 개발일 에만 몰두하는 것 보다 해외사업, 시스템운영, 웹 기획에도 참여 해 반짝반짝하는 아이디어를 팀원들과 나누고 싶고 <u>이로 인해,</u>[38] 역지사지의 마음

---

33 숫자를 적어 신뢰감을 주도록 한다.
34 서술식으로 하자.
35 소극적 표현 쓰지 말고, 어떤 분야에 자신 있는지 구체적으로 장점을 밝히자. 그것이 게임, 만화만 따라한다는 회사 이미지를 바꾸는 데 도움이 된다는 식이면 더욱 좋겠다.
36 'CJ는 specialist와 generalist 두 개의 날개로 비상한다' 식으로!
37 구체적으로 제시 하자. 어느 직급, 어떤 실력, 어떤 능력, 타이틀 등.
38 생략 하자.

으로 팀원들을 더 존중하고 서로 팀워크를 다질 수 있다고 생각합니다. 나무만 보지 말고 숲을 볼 수 있는 창의적이고 열정적인 제가 되고 싶습니다. 복지부동 하지 않는 CJ인이 되도록 노력하고 싶습니다.[39]

'CJ 인터넷 지역 전문가'[40]

CJ 인터넷 게임들의 해외에서의 활약은 썩 좋지만은 않은 상황입니다. 게임별 월 트래픽도 부족하고 앞으로 더 발전이 필요 할 것입니다. 그러나 앞으로 CJ 인터넷의 해외 활약가능성은 무궁무진 하다고 저는 감히 생각을 합니다.[41] 미국에서 중국, 대만, 일본 친구들을 많이 만나보고 몽골에 봉사활동도 다녀와 본 후 아시아 친구들과 문화적으로 공통점이 상당히 많다는 것을 느꼈습니다.[42] 국내 유저들의 입맛을 맞춰본 CJ 인터넷에서 저는 중심에서 해외 사업 확장에 촉매역할을 하는 인재가 되고 싶습니다.[43] 위안, 엔화를 벌어들여 환율에 영향을 받지 않는 2013년 국내 No. 1 게임회사[44]가 되는데 앞장서고 싶습니다.

3. 지금까지 겪었던 일들 중 어려웠거나 실패했던 경험은 무엇이었으며, 어떻게 대처했는지 기술해 주세요.

'뉴욕 공항에서 노숙하기'

미국 덴버에서 어학연수를 하던 중 뉴욕으로 여행을 갔다 돌아오는

---

39 본인이 생각하는 specialist와 generalist 를 회사 내 직무와 관련해 구체적으로 쓰도록 하자.
40 "CJ의 인터넷 브랜드 가치를 끌어 올리겠다" 식으로 하자.
41 불필요한 표현이다.
42 느낀다는 표현보다는 그들과의 교류를 통해 CJ의 브랜드 가치를 높일 수 있는 가능성을 포착했다는 식으로 하자.
43 소극적인 자세 지양. "되겠다. 향후 인턴을 끝내고 입사해서 몇 년 안에 그렇게 하겠다." 식으로 구체적이며, 강하게 표현 하자.
44 시장규모 등 통계치를 더 개입시켜 신뢰감을 주도록 한다.

날 6년 만에 뉴욕에 태풍이 왔습니다. 3번의 비행기 연착 끝에 그날 비행기는 모두 취소가 되고 말았습니다. 안내방송으로 내일 비행기를 고객서비스 센터에 전화를 해 예약을 하라는 말 뿐이었습니다. 얼굴을 맞대는 것보다 어려운 전화영어로 간신히 내일 오전 비행기를 예약한 후 내일까지 어떻게 보내야 하는지, 숙박업소는 재공을 해 주는지에 관해 호소를 했습니다. 그러나 그런 것은 영화에서나 나오는 일이라는 짧은 대답만 있었을 뿐, 생각은 많았지만 언어로 표현하는 것이 한국어만큼 자유롭지 않아 결국 다음날 까지 뉴욕 공항의 한 라운지에서 노숙을 하게 되었습니다.

'미국인에게 한국어를 가르쳐보자'

어학연수를 가서 느끼는 어려움 중 하나는 현지인을 만날 기회가 너무 드물고 힘들다는 것이었습니다. 인터넷을 통해 구한 한국계 미국인 친구를 통해 일주일에 한 번 씩 자유로운 주제를 가지고 커피를 마시며 했던 수다를 떠는 것만으로는 많이 부족한 것을 여행 후 느꼈습니다. 그러던 중 "내가 영어를 배우고 싶어 미국인을 만나고 싶은데 역으로 내가 한국어를 가르치게 되면 미국인을 만날 수 있지 않을까?" 라는 생각을 하게 되었습니다. 한국어 배우기 동호회를 인터넷 상에 만들었고 26명이라는 회원들이 가입을 하고 모이게 되는 동호회로 발전했었습니다. 어떤 회원에게는 저녁초대를 받기도 하고, 어떤 회원은 저녁을 사주기도 하고, 어떤 회원은 한국어 통역을 부탁하여 한국에서 만나 통역을 해 주기도 했습니다.

☞ 좋은 내용이지만, 이 경험이 앞으로 입사해서 회사생활에 어떻게 도움이 될 지에 대해 기술하고, 구체적으로 직무와 관련해 단점을 장점화 할 수 있는 언급을 하길 바람. 이 내용을 그대로 쓸 것인지 고민하길 바람. 보는 입장에서 그렇게 큰 실패로 여겨지지 않을 수

있음. 그러므로 직무와 관련된 실패담을 만들기 바람(물론 거짓이나 과장하라는 것은 아님). 예를 들어 웹 프로그램 개발을 위해 많은 시간과 노력을 투자했지만, 결과는 좋지 않았다. 잠시 좌절하고 포기할까 생각도 했지만, 다시금 마음 다잡고 치밀하게 공부하고, 준비하고, 계획해서 어느 정도 자신감을 갖게 됐다. 그러니 회사 들어가면 그것이 도움이 될 것이다 식으로 했으면….

4. 본인을 잘 설명할 수 있는 카피나 슬로건을 만들어 보시고, 그 이유를 간단히 기술해 주세요. (400)

'카멜레온'[45]

저는 대학교 내에서[46] 카멜레온입니다. 전공학회 부회장을 거치면서 내향적이고 외향적인 선후배, 동기들을 많이 만나보았고, 내성적이기만 했던 저를 외향적으로 탈바꿈 시켜주는 계기가 되었습니다. 실제로 친구들 사이에서의 원만한 인간관계 때문에 과내의 3쌍의 남녀를 중간에서 이어주는 촉매가 되기도 했습니다. 항상 상대방의 성향과 성격을 맞춰주고자 노력하는 저는 이 점을 활용하여 하루 200만 명이 이용하는 넷마블 고객들의 성향을 맞추고자 노력하고 싶습니다.[47]

---

45 합쳤으면 좋겠다. '야심만만 카멜레온'으로. 이상은 높게, 그러나 현실적이라는 냄새를 풍기도록 하자.
46 생략 하자.
47 성향을 맞춘다는 표현보다는 그들과 잘 어울릴 수 있는 마음의 여유와 따뜻함이 있고, 그들의 입장에서 배려하려는 의지가 있다는 식으로 하자. '카멜레온'이 부정적으로 읽힐 수도 있다. '항심'이 없다는 식으로. 초지일관하되 독불장군은 아니다 라는 식으로 바꾸자. 조금 적게 차지하더라도 파이를 크게 불려 함께 나눈다는 식으로 표현하고, 특히 CJ의 사훈이나 기업풍토, 분위기 등을 미리 파악하여 거기에 맞추는 것이 좋다.

■ 기사식

금잔디가 만난 사람⑦ 나래를 펼치고 날아오르다 – 대학생 ○○○
※ 이 기사는 ○○○ 씨의 경험을 토대로 재구성된 것으로 다른 특정인과 관계가 없습니다.

Scene#1

　소녀가 있다. 아버지에게서 배운 종이비행기와 배를 하루에도 몇십 개씩 지칠 줄 모르고 접어대던 소녀는, 여섯 살 무렵 사촌언니가 선물한 『종이접기백서』로 접는 것에 본격적으로 눈을 뜨게 된다. 초등학교에 입학한 뒤에도 줄곧 집에서 혼자 종이를 접던 그녀의 관심사는 당시 또래사이에서 인기가 높았던 종이인형으로 미치기에 이른다. 문구용 칼이 없었던 소녀는 수차례의 시도 끝에 가위로 인형 몸통과 팔 사이의 틈을 자르는데 성공, 자르는 것에 대해 흥미를 갖게 된다. 특히 그녀는 반으로 접은 종이를 부드럽게 칼로 자르거나 한 번에 막대자로 나누는 작업에 매료된다. 종이로 만드는 모빌이나 꽃은 성인이 되고 난 후까지 그녀에게 손재주가 있다는 평판을 안기는 동시에 내

---

48 계획을 보다 구체적으로 단계별로 서술, 직무의 내용에 대해 많이 파악돼 있다는 뉘앙스를 풍기를 바람.

성적인 그녀가 타인과 쉽게 가까워지는 계기가 된다. 감침질, 홈질 등의 바느질은 그녀가 특별활동으로 선택한 수예부의 코바늘이나 대바늘뜨기 혹은 스킬자수처럼, 잘 하기는 해도 다소 지겨운 일종의 '작업'일 뿐이었다. 하지만 바늘이 뒤로 물러났다 앞으로 나오며 튼튼하게 천을 잇는 박음질을 알게 되면서부터 그녀는 바느질의 원리와 정교함에 마음을 빼앗긴다. 그 뒤로 그녀는 다양한 바느질 방법을 스스로 터득해나간다.

고등학교 시절 그녀는 빠르고 곧은 손바느질 솜씨로 '인간재봉틀'이라는 별명을 얻는다. 이는 면사를 꼬아 손수 실을 만들던 아버지의 섬세한 손놀림과 바지런하고 꼼꼼한 어머니의 성정, 재봉사였던 고모와 외삼촌 등 그녀의 집안 내력과도 무관하지 않았을 것이다. 하지만 그녀로 하여금 남과 달리 월등히 정교한 목판화나 전통무늬 디자인, 손톱만한 장미꽃 접기를 가능하게 한 것은 무엇보다 한 가지에 빠져들면 깊게 몰입하는 그녀의 성향이었다.

–어렸을 때부터 손재주가 좋으셨던 것 같아요. 혹시 가장 기억에 남는 작품이나 에피소드가 있다면 한 가지 말씀해 주시겠어요?

"네… 지금도 그 때의 흥분을 잊지 못합니다. '주머니 만들기'용 천과 바늘, 실을 준비해가야 했는데 어머니께 미리 말씀드리는 걸 잊었거든요. 바느질감을 구해야하는데 살 돈은 없으니 얼마나 속상하던지. 선생님께 혼날 생각에 울며 학교에 갔지요. 다행히도 외삼촌이 주셨던 여성복의 도금 장식 고리가 몇 개 있어 그것으로 친구의 헌 바늘과 실, 천 등을 얻었어요. 결과요? 최고 점수를 받았지요. (웃음) 하지만 무엇보다 녹슨 바늘과 후줄근한 천으로도 그럴듯한 주머니를 만들 수 있었던 제 자신이 놀라웠고 또 그래서 행복했어요."

–목판화나 디자인, 종이접기 등의 작업과 예술학은 간극이 크게 느껴지
네요. 그런 선택을 하게 된 특별한 계기가 있으셨나요?

"말씀하신 작업들은 즐거웠지만 동시에 자괴감도 들었어요. 저만의
무언가가 아니라 이미 만들어진 방법을 그대로 따라하는 것이었으니
까요. 붙어나 화학에도 흥미가 있었기에 이제는 아예 다른 길을 가자
고 마음먹고 열심히 파고들었어요. 둘 다 전교에서 최고 성적을 냈고,
결국 불문과에 진학할 수 있었지요. 그러나 1년을 다니면서도 손을 놀
리고 싶은 욕망을 도무지 주체할 수 없더군요. 이따금 가위질을 할 때
조차 희열을 느낄 정도였어요. 하지만 제 마음을 인정하고 싶지 않았
어요. 전 기술자가 아니라 예술가가 되고 싶었거든요. 그 같은 예술에
대한 막연한 동경과 중고등학교 미술 선생님의 '디자인을 해보라'는
독려만 믿고 다니던 학교를 나와 예술학과에 입학했어요."

Scene#2
그녀가 예술학과를 택한 이유는 복수전공으로 디자인을 배울 수 있
을 것이라는 단 하나의 기대 때문이었다. 그러나 그녀의 예상과는 달
리 예술학과는 실기보다 이론이 중시되고 있었다. 또한 입학하기 직전
에 돌아가신 아버지를 대신해 아르바이트로 생계를 유지해야하는 상
황이었기에 그녀는 디자인 공부를 선뜻 시작하지 못한다. 그리고 1년
뒤, 그녀는 기한 없는 휴학을 결정한다. 이후 2년 넘게 경험한 사무직
아르바이트는 그녀 자신이 좋아하는 일을 해야만 한다는 그녀만의 강
렬한 믿음의 원천이 된다.

–누구나 한 번 쯤은 힘든 순간을 겪게 마련인데요, 본인에게 있어 가장
힘들었던 순간과 그것을 통해 달라진 점이 있다면 무엇인지 말씀해주
세요.

"기대와는 많이 달랐던 학과공부가 당시 저에겐 가장 큰 고통이자

좌절이었죠. 괜히 낯설고 힘든 길로 가서 가족들까지 힘들게 한다는 자책감도 컸고요. 사무직은 어떻게든 안정적인 직장을 구하고 싶어서 택한 일이었지만 하면 할수록 점점 이건 아니라는 생각이 들었어요. 조금의 창조성도 없이 타이핑만 하거나 전화만 받는 것이 마치 제가 기계의 일부가 되는 것만 같았거든요. 더 무서웠던 건, 제가 아닌 누구라도 오늘의 제 자리를 채울 수 있다는 것이었어요. 마치 부품처럼. 바로 그래서 다른 어떤 조건보다도 내가 좋아하는 일과 그 일에 대한 나의 마음을 우선해야한다는 믿음을 갖게 됐어요. 다양한 사람들을 접하면서 나와 다른 사고방식이나 생활방식이 어디까지나 다른 것일 뿐, 틀린 것은 아니라는 깨달음은 덤으로 얻었지요. 3년이란 휴지 기간을 가지면서 내면적으로도 다소 유연해졌다고나 할까요."

Scene#3

그녀는 정교함을 요하는 작업이나 물건을 고치거나 재활용하기, 한정된 자원으로 결과물을 내는 것 등을 좋아한다. 불어, 화학에 대한 흥미와 예술학과에서 배운 폭넓은 미술사적 지식도 갖고 있다. 더불어 말보다는 행동으로 보여주기를 선호하며 좋아하는 것에는 만족을 모르고 몰두하는 자신의 성향이 모두 국립 문화재 복원학교 Institut de Formation des Restaurateurs d'Oeuvres d'Art (IFROA)[49]를 향한 여정이었던 것 같다고 그녀는 말한다.

–IFROA를 향한 여정, 이라고 생각하신 이유와 앞으로의 계획에 대해 말씀해주세요.

"돌아보면 저는 줄곧 창작보다는 가공에 더 소질이 있었던 것 같아요. 그 사실을 인정하기까지 꼬박 7년이 걸렸지요. 하지만 더 이상 아

---

49 IFROA공식홈페이지, 2009. 6. 23, <http : //www.inp.fr/>(23. Jun. 2009).

쉬움은 없습니다. 저는 그 일을 정말 좋아해요. 눈으로 보면서 손을 움직여 무엇이든 좀 더 나은 모습으로 만드는 작업은 저로 하여금 제가 살아있음을 느끼게 해요. 그래서 바칼로레아, 미술사, 화학, 소묘, 논술, 실기, 면접 모두 잘 준비해 IFROA에 꼭 들어가고 싶어요. 특히 작품에 대한 존중과 니스를 칠한 윗면에 수정과 보수하기를 배우는 4년간의 체계적이고도 전문적인 회화 복원과정에 기대가 큽니다.

　저는 끊임없이 저를 돌아보고 계속해서 채근하는 '완벽주의자'입니다. 지나간 저의 흔적도 제게는 거의 항상 부끄러움으로 남곤 합니다. 늘 부족한 점이 보이고, 만족스럽지 않아요. 그렇기에 확신이 드는 하나의 목표로 저를 이끌면 누구보다 몰입해 비록 제 기준에는 못 미치더라도 최고, 그 이상이 될 자신이 있어요. 끓고 있는 저의 열정을 활화산처럼 내뿜을 시기가 드디어 오고 있다는 걸 온 몸으로 느끼고 있습니다. 그리고 이 에너지가 목표에 올바르게 이를 때에야 저는 아버지가 지어주신 이름대로 나래를 펼치고 비로소 세상을 마음껏 날아다닐 수 있으리라 생각해요."

　–얼마 전 친구 집에 갔다가 (자신의 기준에 못 미쳐 보기 괴롭다는 이유로 지금은 버려지고 없는) 본인이 조각했던 목판화로 찍어낸 작품을 보게 되었다고 하셨는데, 어땠던가요. 역시 만족스럽지 않으셨나요?

　"(웃음) 네. 조금 그런 점은 있었는데 꽤 정교하고 아름다운 구석도 있어 꼭 부끄럽지만은 않았어요. 그래도 전 더 멋진 무언가를 만들고 싶어요. 이젠 됐어, 하고 멈춰버리고 싶지 않아요. 그럴 수도 없겠지만요. 그래서 이번 준비는 저로서도 큰 도전이 될 것 같습니다. 어서 하루라도 빨리 작업을 시작하고 싶어요. 인생은 길지 않으니까요."

　자신이 좋아하는 것들과 앞으로의 계획에 대해 말할 때마다 그녀의 눈은 유달리 반짝였다.

긴 시간을 할애하여 인터뷰에 응해주신 주나래 씨께 지면을 빌어 감사하는 마음을 전하며, 짧지 않은 시간동안 움츠렸던 만큼 더욱 높이 날아오를 그녀의 미래를 기대해본다.

글 금잔디 기자
gjplovegjd@noname.com

−〈자기소개서 강평〉

구조적으로 잘 꾸며진 자기소개서입니다. 인상적이고 개성적입니다. 분량이나 항목이 규정돼 있지 않다면 시도해 볼만 합니다. 다음과 같은 점에 한번 손을 보았으면 합니다.

먼저, 이 글이 '자기소개서'라는 것을 분명히 각인시켜야 합니다. 그러므로 표제 위에 '인터뷰로 꾸민 자기소개서' 정도로 타이틀을 달았으면 합니다.

두 번째, 이미지를 활용, 적절히 배치했으면 합니다. 본인 사진이나, 작품 사진, 꼭 필요한 장면, 공간 등.

세 번째, 전체적으로 하나의 스토리가 있으면 합니다. 인터뷰라 해서 이야기하듯 해서는 곤란하고 통일성 있는 주제를 선정, 산만함을 없앴으면 합니다. 전체 질문은 다섯 개 정도해서 발단, 전개, 절정, 해소, 대단원의 이야기 순서를 꾸몄으면 합니다. 질문은 소제목 정도의 내용을 담고 있었으면 합니다. 왜 인터뷰를 해야 하는지에 대한 언급을 초입에 넣었으면 합니다.

네 번째, 제목을 수정했으면 합니다. 구체적인 목표나 이상을 드러냈으면 합니다. 'IFROA를 향한 여정! 지금부터' 식으로.

■ 공무원 지원

인천광역시 공무원 자기소개서

＜성장과정＞

−Easy Come, Easy go

어린 시절 복권 추첨하는 프로그램을 보며 복권이라는 것을 처음 알게 되었습니다. 그래서 아버지께 우리도 나가서 복권을 사자고 조른 적이 있습니다.[50] 그때 아버지께서는 저렇게 쉽게 들어온 돈은 쉽게 나가는 것이라고 하시며 성실하게 일하면 부는 저절로 따라오는 것이라고 말씀하셨습니다. 그 후 매일 성실하게 살고자 아침에 학원을 등록하여 다니거나 운동을 배우며[51] 남들보다 먼저 하루를 시작하려고 노력하고 있습니다. 아침을 일찍 시작하다 보니 남들보다 더 긴 하루를 를 가질 수 있었으며 여유가 생긴 시간에 다양한 것들에 대해 공부할 수 있었습니다.

☞ 평이하다. 문자수정해야 한다.

＜성격＞

−돌다리를 오래 두드리는 편입니다.[52]

목표가 생기면 만족할만한 결과를 얻기 위해 필요 이상으로 오랜 시간을 들이거나 해야 할 일을 늘리는 경향이 있습니다.[53] 이러한 단점을 보완하고자 일의 시작 전에 우선순위를 세우는 습관을 기르고 있습니다.[54] 앞으로 꾸준한 노력으로 유연한 사고력을 길러 어느 순간에나 효율적으로 일을 진행하는 사람이 되겠습니다.

---

50 사례로 좋은지 생각해 보자.
51 문장이 어눌하다. → "학원에 등록 운동하면서"
52 표현이 참신하다.
53 낯익은 표현이다. 간접 표현하지 않도록 하다.
54 문장이 어눌하다. → "습관을 갖도록 신경쓰고 있습니다."

-우선순위[55]

욕심이 많아 하고 싶은 것이 굉장히 많습니다.[56] 그래서 대개 여러 가지 일을 한 번에 하려고 하다 보니 끝맺음을 제대로 하지 못하는 경우가 발생하곤 하였습니다.[57] 그래서 먼저 하고 싶은 일에 대한 우선순위를 정하려고 노력합니다. 우선순위를 정하다보니 자연히 충동적이었던 마음이 사라지게 되곤 하였습니다. 그러면 자연히 더 중요했던 일에 집중할 수 있었고, 끝맺음 또한 확실하게 할 수 있었습니다.[58] 지금도 하고 싶은 일이 생기면 먼저 수첩에 우선순위를 정해두고 그에 맞춰서 도전하고 있습니다.

☞ 평이하다. 자기 발견 없다.

<포부>
-대한민국의 심장 경제수도 인천의 보물[59]

첫째, 무엇이든 보고, 듣고, 배우겠습니다.

입사 후 업무에 대한 예습과 복습을 통해 동기들보다 빠르게 업무에 적응 할 것입니다. 또한 신입사원이 알아야하는 모든 것들을 보고 듣고 배우면 최우수 신입사원이 되기 위해 노력하겠습니다.

둘째, 인천시청의 안녕 걸[60]이 되겠습니다.

사람이 가장 빨리 친해 질 수 있는 방법은 웃으며 인사하는 것이라고 생각합니다. 저는 입사 후 매일 만나는 모든 분께 환하게 웃으며 '좋은아침입니다'를 외칠 것입니다.

---

55 전달이 모호하다. 보다 구체적으로 표현하자.
56 구어투이다. 문어투로 바꾸자.
57 부적절한 문장이다. '경우가 발생하다'는 표현은 정확하지 않다. → "경우가 많았다."
58 사족이다. 자기평가, 자기자랑이 되지 않도록 한다.
59 웅변식 문장은 지양하자.
60 정중한 표현과 용어를 사용하도록 하자. 너무 세속적, 통속적 표현은 글의 무게를 가볍게 한다.

셋째, 인천의 심볼 마크의 의미처럼 끊임없는 움직임과 무한한 잠재력을 가지고 능동적이고 정렬적인 공무원으로써 2014 인천 아시안 게임의 성공적인 개최를 위해 문화·레저·스포츠의 경제수도를 구현하는데 힘쓰겠습니다.

　☞ 공무원이란 직업 더 탐색하고 연구하자! 이미 공무원 임용이 된 듯 표현하고 있다. '-써'와 같이 기구격·자격격조사는 구분하여 쓰자.

■ 대학원 진학(수정전)

세계화와 인신매매

냉전체제의 붕괴로 인한 새로운 국제질서의 형성과 더불어 정보·통신기술의 급속한 발전은 세계화를 급속도로 진행시키고 있다. '세계화'라는 단어는 더 이상 일반 국민들에게도 낯선 단어가 아니며, 한해가 다르게 국내외 환경이 변화하고 있다.

이러한 세계화로 인해 이제는 순수하게 국내 차원의 문제로만 여기고 해결하기에 역부족인 문제들, 즉 인류공동의 지구촌 과제가 등장하게 되었다.

이러한 과제 중의 하나가 바로 국제적 차원에서 행해지는 범죄들이다. 마약밀매, 테러, 국제적 인신매매 등 전 세계를 무대로 하는 범죄가 지구촌을 위협하고 있다.

이 중에서도 인신매매는 특히 사회의 약자로서 보호받아야할 여성과 아동의 천부인권을 무참히 짓밟고 평생의 상처를 안겨주는 비인도적인 범죄이다. 세계화로 인한 전 세계 빈익빈부익부 현상, 즉 경제적 불평등의 심화는 경제 위기에 처한 나라의 어린 여성들로 하여금 국경을 넘어가서 몸을 팔게끔 만들었다. 지난 10년간 성매매를 목적으로 하는 국제적 인신매매는 급속도로 증가하였으며, UN은 이러한 사업의 규모가 연간 50~70억 달러에 이르는 것으로 추산하고 있다.

특히 전 세계를 국경 없는 하나의 세상으로 만들어버린 인터넷 상에서는 아동을 성적으로 학대하는 범죄행위가 담긴 영상물, 즉 아동 포르노가 거래되고 있어, 피해 입은 아이들의 마음을 또 다시 상처주고 있다.

이러한 범죄는 전 세계에 깊이 뿌리내린 네트워크를 가진 하나의 거대한 국제적 범죄조직이 계획적으로 치밀하게 저지르는 경우가 많기 때문에 한 국가의 노력만으로는 타진이 어렵다. 이처럼 '세계화'되고 있는 인신매매는 전 세계 경찰들에게 넘어야할 또 하나의 장애물이 되었다.

요컨대, 세계화가 더욱 심화될 미래를 맞이함에 있어서, 각국 경찰 기관들도 더 효율적인 국제적 협력 체계를 구축하여 이에 대응하여야 하는 것이다.

그리고 더 나은 각 국 경찰 간의 협력을 위해서는 전 세계 모든 국가가 협조적으로, 그리고 한편으로는 신속하고 수월하게 참여할 수 있는, 강력하고 효율적인 표준화된 협력 체계를 구축하여야 한다. 그러나 이는 동시에 각국의 정치적, 문화적, 경제적 특색, 그리고 국내법적인 측면을 고려하여 이루어져야 할 것이다.

이것이 바로 내가 국제대학원에 지원하는 이유이다. 나는 나의 경찰대학 생활에서 세계화 시대의 경찰이란 신분을 얻게 될 자로서의 소명감을 가지게 되었으며, 각 국 경찰들의 협력의 필요성을 강하게 느꼈다. 이제 나는 서울대 국제대학원에서 일반적인 국제협력의 기본 원리와 이론 등을 배우고 실제 국제 사회에서의 중요한 이슈들을 분석하며, 국제 관계를 이해하는 기회를 얻고 싶다.

구체적으로 나는 서울대 국제대학원에서 세계화가 국제 인신매매에 미친 영향, 그리고 앞으로 이루어지는 세계화의 현상들이 이에 미칠 영향에 대해 예측·연구해보고 싶다. 그러므로 서울대 국제대학원의 커리큘럼 중에서 내가 가장 흥미를 느끼는 강의중 하나는 'On Globalization'이다. 또한 'Transnational issues and international cooperation' 강의에도 큰 관심이 있는데, 이는 국제 범죄는 특히 각 국의 정치적인 요소의 영향력이 크게 작용한다고 생각하기 때문이다. 더불어서 이러한 국제 인신매매에 대처하기 위한 각 국 경찰의 국제적 협력의 올바른 방향에 대해 연구해보고 싶다.

이렇게 서울대 국제대학원에서 얻은 지식과 경험을 바탕으로, 나는 국제 범죄, 그 중에서도 여성과 어린이를 대상으로 하는 국제 인신매매를 타진하기 위한 각 국 경찰의 더 효율적이고 유기적(조직적)인 국제적 협력 구축에 이바지하고 싶다.

우선 서울대 국제대학원을 졸업한 후 나는 형사과에서 근무하고 싶다. 이 부서에서 국내적으로 발생하고 있는 매춘 등, 성적 학대를 목적으로 하는 외국 여성과 아동의 인신매매 사건을 중점적으로 다룸으로써 인신매매라는 범죄 자체에 대한 지식과 경험을 쌓고 싶다. 그 후 사이버 수사 부서에 근무하며 아동 포르노도 다뤄보고 싶다.

그리고 경찰청 외사계에서 근무하고자 한다. 이 부서에서 실제 우리나라 경찰이 다른 나라의 경찰과 협력하는 현장을 관찰하고 싶다. 특히 외사기획과에서 국제협력업무를, 외사수사과에서 공조수사 등의 인터폴업무를 담당해보고 싶다. 또한 인터폴과 관련된 국제형사경찰간의 모든 업무협조가 이루어지는 인터폴 대한민국 국가중앙사무국에서도 근무하고 싶다.

이렇게 몇 년 동안 실무 경험을 쌓고, 경찰의 국제적 협력에 대한 밑그림을 그린 다음, 나는 본격적으로 각 국 경찰의 국제 협력이 이루어지는 현장인 인터폴에 지원할 것이다. 인터폴에 있는 동안에도 인터폴의 6대 범죄 중 하나인 국제 인신매매를 중심으로 업무경험을 쌓고 싶다.

그리고 인터폴에서 3년 정도 근무한 후 한국으로 돌아와 국제협력

학과의 박사과정을 밟고 싶다. 경찰에는 조직 내부적으로 국제법과 국제협력 분야의 전문가가 부족한 상황이다. 따라서 나는 현장에서 얻은 지식과 경험, 그리고 석사 과정에서 배운 국제협력이론을 접목시켜 더 심화된 연구를 해보고 싶다.

그리하여 국제범죄, 특히 국제 인신매매에 대응하는 세계 경찰의 국제적 협력을 보강·발전시키고, 궁극적으로 퇴직 후에는 경험과 이론적 지식을 모두 갖춘 전문가로서 경찰의 국제적 협력에 방향성을 제시할 수 있는 교수가 되어 국제적 감각을 갖춘 후배 경찰을 양성하고 싶다.

대학생활 동안 나는 계속적으로 국제 협력 분야에 관심을 가지고 있었으며, 국제적 감각을 익히고 경험을 쌓으려 노력하였다.

우선 2008년 5월에는 북경에 자리잡고 있는 중국의 경찰대학인 중국인민공안대학에 학생신분으로서는 오직 6명만이 참여할 수 있는 연수단으로 선발되어 학장님, 학교 교수님, 그리고 동료들과 함께 열흘 간 연수를 다녀왔다.

중국인민공안대학에서 나는 중국의 엘리트 경찰을 양성하기 위한 교육이 어떻게 이루어지고 있는지 경험하였으며, 우리 대학 교수님이 중국인민공안대학 교수 및 직원분들에게 펼친 강연에 참관하여 경찰학 교류의 현장을 목격하였다. 또한 중국인민공안대학 학생들과 함께 '자율과 책임'을 주제로 한 토론회를 벌였다.

또한 연수 5일차에는 섬서성 서안시에 방문해 섬서성 공안청 지도부와 접견하고 업무교류 하는 것을 지켜보았다. 연수의 마지막 날에는 중국 대사관에서 주재관으로 근무하고 계신 대학 선배를 뵙고, 경찰 주재관이 하는 일 등에 대해 듣게 되었다. 비록 학생신분이기 때문에 연수에 있어서 나와 동료들이 수행한 부분은 크지 않지만, 직접 현장에서 한국과 중국의 경찰이 협력을 꾀하는 모습을 보았다는 점에서 나의 국제적 시야를 넓힐 수 있는 좋은 기회였다.

2008년 9월에서 12월까지 한 학기 동안에는 중국인민공안대학에서 온 4명의 교환학생 중 한 여학생의 멘토를 맡아 기숙사의 같은 방에서 함께 생활하였다. 우리는 주로 영어로 의사소통하며 함께 공부하고 양국과 양국의 경찰에 대한 이야기를 나누었다. 특히 추석 때는 우리 집, 할머니댁에서 함께 명절을 샜으며, 남산한옥마을, 인사동 등 서울의 관광명소를 안내하며 즐거운 시간을 보냈다. 그녀와 함께한 시간은 나에게 서로 다른 문화를 가진 사람과 정서적 교감을 나누는 방법을 가르쳐주었다.

2008년 11월에는 중국인민공안대학 측에서 한국 경찰대학으로 보낸 연수단을 학생대표로서 공항에서 맞이하여 하루 동안 경찰대학을 안내하는 일을 돕기도 했다.

한편 나는 외국어 실력을 향상시키는 것이 경찰의 국제적 협력을 발전시키고자 하는 나의 비전을 이루기 위한 필수조건이라 생각하여, 대학생활 동안 외국어 실력을 부지런히 닦았다. 그 결과 우선 영어와 관련하여서는 2007년 경찰대학 제23기 졸업식에서 외국 VIP분들을 식장의 지정석으로 안내하는 통역을 맡기도 했다.

또한 일본어와 관련하여서는 2007년 1월 2주간 일본의 일반 가정집에서 홈스테이 하였다. 그 기간 동안 나는 호스트분이 참가하고 있는 'Hippo'라는 이름의 외국어 스터디 클럽에 참가하였으며, 한 유치원에 방문하여 아이들에게 한국의 동화를 한국어와 일어로 모두 읽어주고, 한국의 동요를 가르쳐주기도 하였다. 홈스테이로서 긴 시간은 아니었지만 한국으로 돌아가는 비행기를 타기 전 공항에서 호스트분과 함께 끌어안고 아쉬움의 눈물을 흘렸을 정도로 언어적·문화적으로 깊은 교류를 하고 돌아왔다. 또한 2007년 1년 동안에는 4명의 동료들과 일본어 스터디를 하였다. 우리는 일본 가요를 통해 공부하기도 하고, 드라마의 한 부분을 발췌하여 실제 주인공처럼 연기하여 보기도 했다.

그 밖에도 대학생활 동안 나는 다양한 분야에서의 경험과 지식을 쌓는 것이 미래 세계화 시대의 경찰로서 업무를 수행하는데 밑거름이 될 것이라는 믿음 하에 다양한 활동을 하였다. 우선 나는 2006년부터 경찰대학 교지편집위원회의 위원으로 활동하며 총 3권의 교지를 발간하는데 참여하였고, 특히 2008년에는 경찰 내부망을 이용한 웹진을 창간하는데 참여하였다. 경찰대학생의 진로, 건강, 교환학생 제도 등 다양한 분야에 대한 글을 기고하였다. 또한 역시 2006년에 교내 방송부에 가입하여 아침마다 교내 소식, 공지사항 등을 알림은 물론이고 영화, 스포츠, 교내 생활 등 다양한 테마를 가지고 방송을 진행하였다. 때로는 영어로 방송을 진행하기도 하였다. 대학 축제인 '청람축전'에서는 2006, 2007년 두 해에 걸쳐서 방송제 메인 작가 및 배우로 활동하기도 했다. 그 밖에도 '신입생 환영회', 경찰대학의 여름 간이 축제인 '썸머 헌팅' 등 교내 다양한 행사에서 사회자를 맡았다.

2006년 7월에는 경찰대학 주관의 소위 '폴리스 아카데미'라 불리는 청소년 캠프에서 경찰과 경찰대학에 관심이 있는 약 30명의 고등학생들을 맡아 지도하는 역할을 하였다.

또한 2009년 4월부터 6월까지 약 세달 동안은 경찰대학 여자 기숙사의 '학생장'으로 임명되어 학생들을 이끌고 기숙사의 전반적인 생활을 관리하는 역할을 하였다.

그리고 2009년 3월부터 교내 형사법 교수님 한 분의 지도아래 5명의 동료들과 일본 형법 원서를 읽고 한국어로 번역하여 한국과 일본의 형사체계를 비교·연구하는 모임을 갖고 있다.

그 밖에도 나는 경찰대학 총학생회 및 '대학생활개선위원회'의 위원으로 활동하기도 하였으며, 27기 경찰대학 신입생들을 위한 무도 시범에서 검도 시범을 보이는 등 여러 가지 활동을 하였다.

나의 다양한 활동과 더불어 나는 여러 수상 경력을 갖게 되었다. 2007년과 2008년 두 해 연속으로 새로운 학년으로 진학하는 학생들을 위한 교내 의식인 진학식에서 각 과 1등에게 주어지는 성적 우수상을 수상하였다.

또한 2006년에 폴리스 아카데미에서 지도자로 활동한 공을 인정받아 장려장을 수여받았으며, 2007년에는 '청람 축전'의 방송제에서 메인 작가로서 활동한 프로그램이 큰 인기를 얻은 공을 인정받아 역시 장려장을 수여받았다.

내가 경찰대학에서 얻은 이러한 경험들은 나의 세상을 바라보는 시야를 넓히고 내면을 성숙시켰다. 그리고 더 넓은 세계로 나아가기 위한 훌륭한 발판이 되어줄 소중한 시간들이었다. 무엇보다도 세계화 시대의 경찰이 될 사람으로서의 소명감을 갖게 하였다.

그리고 이제 나는 이러한 소명감을 가슴 속에 새기고 경찰의 국제적 협력을 진일보 시키겠다는 비전을 향해 한 걸음 더 나아가고자 한다. 그리고 이 열정을 서울대 국제대학원에서 펼쳐보고 싶다.

본 학업계획서에 쏟아주신 시간과 고려에 감사드립니다.

■ 대학원 진학(수정후)

^{수정}세계화의 그늘에서 소명을 얻다

'지구촌 한 가족'이라는 말이 낯설지 않을 정도로 세계는 하나의 운명공동체로 빠르게 변모하고 있다. 소위 '세계화'의 결과다. 냉전체제의 붕괴, 정보·통신 기술의 눈부신 발전이 이처럼 놀라운 변화를 이끈 것이다.

세계화는 인류를 하나로 묶는 번영의 공동체를 꿈꾸게도 하지만 그러나 많은 문제를 잉태하고 있다. 우리 내부에서 발생한 일은 우리의 문제로 국한되는 것이 아니며, 세계 곳곳에서 일어난 일들이 우리와 무관하지 않기 때문이다. 세계인이 머리를 맞대고 풀어야 할 숙제들이 하나 둘 늘어남을 의미하는 것이다. 이와 같은 과제 중 하나가 국제적 차원에서 발생하는 범죄들이다. 현재 마약밀매, 테러, 인신매매 등이 지구촌을 무대로 인류를 위협하고 있다.

이 중에서도 인신매매는 사회 약자로서 보호받아야할 여성과 아동의 천부인권을 무참히 짓밟고 평생 상처를 입히는 비인도적 범죄이다. 세계화의 그늘은 경제적 불평등을 심화시켜 경제위기에 처한 가난한 나라 어린 여성들이 어쩔 수 없이 국경을 넘어 몸을 팔게 했다. 지난 10년간 성매매 목적의 국제적 인신매매는 빠르게 증가하고 있는데 그 규모가 연간 50~70억 달러에 이르는 것으로 추산된다.

특히 국경 없이 넘나드는 인터넷 사이버 상에서 아동을 성적으로 학대하는 범죄행위 영상물, 즉 아동 포르노가 제한 없이 거래되고 있어 어린 마음에 상처를 주고 있다. 이러한 범죄는 전 세계적 네트워크를 구축한 국제적 범죄조직이 계획적으로 치밀하게 저지르는 경우가 많아 일부 한 국가의 노력만으로는 근절되기 어렵다. 이처럼 '세계화' 되고 있는 인신매매는 전 세계 경찰들이 넘어야 할 장애물이 아닐 수 없다. 세계화의 물줄기를 막을 수는 없다. 이에 대응하여 각국 경찰 기관들도 더 효율적인 국제 협력 체계 구축을 서둘러야 할 것이다. 그런 측면에서 세계화되는 범죄를 정확히 분석하고 이해하여 각국 경찰과 공조하고 선도할 수 있는 전문 인력 양성이 절실하다.

미래의 경찰은 세계 경찰이다. 단순히 국내법을 방어하고 질서를 유지하는 수세적 차원에서 탈피하여 지구촌의 인권과 평화와 안녕을 소명으로 하는 열린 지성인이자 적극적 희생과 헌신의 선구자이어야 한다.

이에 본인은 서울대 국제대학원에서 국제적 식견과 품위를 겸비한 미래 경찰의 토대를 다지고자 한다. 귀 대학원은 ~(대학원의 위상─국내외 평가, 언론보도, 졸업생 등등─과 비전, 본인의 미래 설계, 연구계획을 실현하는 데 대학원이 매우 잘 맞는다는 적합한 내용을 연결하여 기술하기 바람. 되도록 자세히, 교수진, 커리큘럼, 진로, 장학금 등등 이미 대학원의 일원이 된 듯 관심과 애정을 표현) ~ 이러한 측면에서 서울대 국제대학원은 본인의 꿈과 소명을 실현하는 모체가 되리라 확신한다.

귀 대학원에 입학이 허락된다면 본인은 다음과 같은 분야에 연구 진력하고자 한다.

"세계화가 국제 인신매매에 미친 영향", "세계화 진행 양상과 국제적 인신매매의 지능화, 거대화 변모 현상 예측" 등등.

이에 대한 연구는 그 동안 거의 이루어지지 않은 형편이다. (현재 이에 대한 국내외 기존논의를 살펴보고, 있다면, 정리하여 언급하고 거기에 문제제기하도록, 없다면 새로운 기원을 이루는 계기가 된다는 식의 언급) 그러므로 본인의 연구 계획을 수행하는 데 있어 귀 대학원은 중요한 인프라를 제공할 수 있는 적임지라 믿는다. 특히 귀 대학원에서 개설하고 있는 'On Globalization'과 'Labor and Social Policy in Globalizing Economy' 과목은 본인의 연구 계획을 수행하는 데 필수적인 강의라 생각된다. 귀 대학원에서 위 과목을 수강할 수 있는 기회를 마련해 준다면 더 없이 기쁠 것이다.

구체적으로 귀 대학원에 입학하여 세계화로 배태된 국제 경제 불평등, 국제 경제 질서의 변화, 각국의 노동 환경, 공공 정책 등과 국제 인신매매의 관계를 연구하여 이를 바탕으로 국제 인신매매 대처를 위한 각국 경찰의 국제적 협력 방향을 제시하고자 한다.

궁극적으로 본인은 여성과 어린이에게 관심이 있다. 이들은 사회에서 가장 보호받아야 할 존재임에도 불구하고 위험에 노출되기 쉽고 실제 가장 위험한 상태에 놓여있는 존재들이다. 귀 대학원에서 쌓은 지식과 인류애적 소통의지를 바탕으로 국제 인신매매로부터 여성과 어린이를 보호할 수 있는 기회를 주기 바란다. 그래서 서울대 국제대학원을 자랑스럽게 여기길 바란다. 서울대 국제대학원이 국제 인신매매조직을 타진하는 맹아가 되고, 각국 경찰의 효율적이고 유기적인 국제적 협력 구축에 메카가 되는 자랑을 갖게 되길 바란다.

서울대 국제대학원에 입학하여 두 가지 꿈을 키우고자 한다. 하나는 졸업 후 현장에서 국제 전문 경찰로서 활동하는 것이고 다른 하나는 강단에 서서 후배를 양성하는 것이다.

서울대 국제대학원을 졸업한 후 나는 형사과에서 근무하고 싶다. 이 부서에서 국내적으로 발생하고 있는 매춘 등, 성적 학대를 목적으로 하는 외국 여성과 아동의 인신매매 사건을 중점적으로 다룸으로써 인신매매라는 범죄 자체에 대한 지식과 경험을 쌓고 싶다. 그 후 사이버 수사 부서에 근무하며 아동 포르노도 다뤄보고 싶다.

그리고 경찰청 외사계에서 근무하고자 한다. 이 부서에서 실제 우리나라 경찰이 다른 나라의 경찰과 협력하는 현장을 관찰하고 싶다. 특히 외사기획과에서 국제협력업무를, 외사수사과에서 공조수사 등의 인터폴업무를 담당해보고 싶다. 또한 인터폴과 관련된 국제형사경찰간의 모든 업무협조가 이루어지는 인터폴 대한민국 국가중앙사무국에서도 근무하고 싶다.

이렇게 몇 년 동안 실무 경험을 쌓고, 경찰의 국제적 협력에 대한 밑그림을 그린 다음, 나는 본격적으로 각 국 경찰의 국제 협력이 이루어지는 현장인 인터폴에 지원할 것이다. 인터폴에 있는 동안에도 인터폴의 6대 범죄 중 하나인 국제 인신매매를 중심으로 업무경험을 쌓고 싶다.

그리고 인터폴에서 3년 정도 근무한 후 한국으로 돌아와 국제협력

학과의 박사과정을 밟고 싶다. 경찰에는 조직 내부적으로 국제법과 국제협력 분야의 전문가가 부족한 상황이다. 따라서 나는 현장에서 얻은 지식과 경험, 그리고 석사 과정에서 배운 국제협력이론을 접목시켜 더 심화된 연구를 해보고 싶다.

그리하여 국제범죄, 특히 국제 인신매매에 대응하는 세계 경찰의 국제적 협력을 보강·발전시키고, 궁극적으로 퇴직 후에는 경험과 이론적 지식을 모두 갖춘 전문가로서 경찰의 국제적 협력에 방향성을 제시할 수 있는 학자가 되어 국제적 감각을 갖춘 후배 경찰을 양성하고 싶다.

이처럼 서울대 국제대학원에 입학하여 꿈을 실현하기 위해 대학 재학 내내 국제 협력 분야에 관심을 가지고 국제적 감각을 익히고 경험하기 위해 노력했다.

우선 2008년 5월에는 북경에 자리잡고 있는 중국의 경찰대학인 중국인민공안대학에 학생신분으로서는 오직 6명만이 참여할 수 있는 연수단으로 선발되어 학장님, 학교 교수님, 그리고 동료들과 함께 열흘간 연수를 다녀왔다.

중국인민공안대학에서 나는 중국의 엘리트 경찰을 양성하기 위한 교육이 어떻게 이루어지고 있는지 경험하였으며, 우리 대학 교수님이 중국인민공안대학 교수 및 직원분들에게 펼친 강연에 참관하여 경찰학 교류의 현장을 목격하였다. 또한 중국인민공안대학 학생들과 함께 '자율과 책임'을 주제로 한 토론회를 벌였다.

또한 연수 5일차에는 섬서성 서안시에 방문해 섬서성 공안청 지도부와 접견하고 업무교류 하는 것을 지켜보았다. 연수의 마지막 날에는 중국 대사관에서 주재관으로 근무하고 계신 대학 선배를 뵙고, 경찰 주재관이 하는 일 등에 대해 듣게 되었다. 비록 학생신분이기 때문에 연수에 있어서 나와 동료들이 수행한 부분은 크지 않지만, 직접 현장에서 한국과 중국의 경찰이 협력을 꾀하는 모습을 보았다는 점에서 나의 국제적 시야를 넓힐 수 있는 좋은 기회였다.

2008년 9월에서 12월까지 한 학기 동안에는 중국인민공안대학에서 온 4명의 교환학생 중 한 여학생의 멘토를 맡아 기숙사의 같은 방에서 함께 생활하였다. 우리는 주로 영어로 의사소통하며 함께 공부하고 양국과 양국의 경찰에 대한 이야기를 나누었다. 특히 추석 때는 우리 집, 할머니댁에서 함께 명절을 쇘으며, 남산한옥마을, 인사동 등 서울의 관광명소를 안내하며 즐거운 시간을 보냈다. 그녀와 함께한 시간은 나에게 서로 다른 문화를 가진 사람과 정서적 교감을 나누는 방법을 가르쳐주었다.

2008년 11월에는 중국인민공안대학 측에서 한국 경찰대학으로 보낸 연수단을 학생대표로서 공항에서 맞이하여 하루 동안 경찰대학을 안내하는 일을 돕기도 했다.

한편 나는 외국어 실력을 향상시키는 것이 경찰의 국제적 협력을 발전시키고자 하는 나의 비전을 이루기 위한 필수조건이라 생각하여, 대학생활 동안 외국어 실력을 부지런히 닦았다. 그 결과 우선 영어와 관련하여서는 2007년 경찰대학 제23기 졸업식에서 외국 VIP분들을 식장의 지정석으로 안내하는 통역을 맡기도 했다.

또한 일본어와 관련하여서는 2007년 1월 2주간 일본의 일반 가정집에서 홈스테이 하였다. 그 기간 동안 나는 호스트분이 참가하고 있는 'Hippo'라는 이름의 외국어 스터디 클럽에 참가하였으며, 한 유치원에 방문하여 아이들에게 한국의 동화를 한국어와 일어로 모두 읽어주고, 한국의 동요를 가르쳐주기도 하였다. 홈스테이로서 긴 시간은 아니었지만 한국으로 돌아가는 비행기를 타기 전 공항에서 호스트분과 함께 끌어안고 아쉬움의 눈물을 흘렸을 정도로 언어적·문화적으로 깊은 교류를 하고 돌아왔다. 또한 2007년 1년 동안에는 4명의 동료들과 일본어 스터디를 하였다. 우리는 일본 가요를 통해 공부하기도 하고, 드라마의 한 부분을 발췌하여 실제 주인공처럼 연기하여 보기도 했다.

　그 밖에도 대학생활 동안 나는 다양한 분야에서의 경험과 지식을 쌓는 것이 미래 세계화 시대의 경찰로서 업무를 수행하는데 밑거름이 될 것이라는 믿음 하에 다양한 활동을 하였다. 우선 나는 2006년부터 경찰대학 교지편집위원회의 위원으로 활동하며 총 3권의 교지를 발간하는데 참여하였고, 특히 2008년에는 경찰 내부망을 이용한 웹진을 창간하는데 참여하였다. 경찰대학생의 진로, 건강, 교환학생 제도 등 다양한 분야에 대한 글을 기고하였다. 또한 역시 2006년에 교내 방송부에 가입하여 아침마다 교내 소식, 공지사항 등을 알림은 물론이고 영화, 스포츠, 교내 생활 등 다양한 테마를 가지고 방송을 진행하였다. 때로는 영어로 방송을 진행하기도 하였다. 대학 축제인 '청람축전'에서는 2006, 2007년 두 해에 걸쳐서 방송제 메인 작가 및 배우로 활동하기도 했다. 그 밖에도 '신입생 환영회', 경찰대학의 여름 간이 축제인 '썸머 헌팅' 등 교내 다양한 행사에서 사회자를 맡았다.

　2006년 7월에는 경찰대학 주관의 소위 '폴리스 아카데미'라 불리는 청소년 캠프에서 경찰과 경찰대학에 관심이 있는 약 30명의 고등학생들을 맡아 지도하는 역할을 하였다.

　또한 2009년 4월부터 6월까지 약 세달 동안은 경찰대학 여자 기숙사의 '학생장'으로 임명되어 학생들을 이끌고 기숙사의 전반적인 생활을 관리하는 역할을 하였다.

　그리고 2009년 3월부터 교내 형사법 교수님 한 분의 지도아래 5명의 동료들과 일본 형법 원서를 읽고 한국어로 번역하여 한국과 일본의 형사체계를 비교·연구하는 모임을 갖고 있다.

　그 밖에도 나는 경찰대학 총학생회 및 '대학생활개선위원회'의 위원으로 활동하기도 하였으며, 27기 경찰대학 신입생들을 위한 무도 시범에서 검도 시범을 보이는 등 여러 가지 활동을 하였다.

나의 다양한 활동과 더불어 나는 여러 수상 경력을 갖게 되었다. 2007년과 2008년 두 해 연속으로 새로운 학년으로 진학하는 학생들을 위한 교내 의식인 진학식에서 각 과 1등에게 주어지는 성적 우수상을 수상하였다.

　또한 2006년에 폴리스 아카데미에서 지도자로 활동한 공을 인정받아 장려장을 수여받았으며, 2007년에는 '청람 축전'의 방송제에서 메인 작가로서 활동한 프로그램이 큰 인기를 얻은 공을 인정받아 역시 장려장을 수여받았다.

　내가 경찰대학에서 얻은 이러한 경험들은 나의 세상을 바라보는 시야를 넓히고 내면을 성숙시켰다. 그리고 더 넓은 세계로 나아가기 위한 훌륭한 발판이 되어줄 소중한 시간들이었다. 무엇보다도 세계화 시대의 경찰이 될 사람으로서의 소명감을 갖게 하였다.

　그리고 이제 나는 이러한 소명감을 가슴 속에 새기고 경찰의 국제적 협력을 진일보 시키겠다는 비전을 향해 한 걸음 더 나아가고자 한다. 그리고 이 열정을 서울대 국제대학원에서 펼쳐보고 싶다.

　본 학업계획서에 쏟아주신 시간과 고려에 감사드립니다.

02 제품사용설명서

1. 제품사용설명서란?

제품을 어떻게 사용하는지를 설명하는 글이다. 기술이 **빠르게** 발달하면서 새로운 상품이 등장하는 주기도 짧아졌다. 새로운 상품을 사용하려면 새로운 조작 방법을 알아야 한다.

제품사용설명서는 제품을 어떻게 사용해야 하는지 소비자를 안내하는 지침서이다.

2. 제품사용설명서의 내용은?

1) 안전을 위한 주의사항

안전을 위해 조심해야 할 것들을 밝힌다.

2) 각 부분의 명칭

보통 그림으로써 각 부분의 명칭을 밝힌다.

3) 사용 방법

제품의 사용 방법을 소개한다. 기본적인 기능부터 점차 고급 기능 순으로 소개한다.

4) 고장 났을 때 대처 방법

제품을 사용하다가 고장이 났을 때 어떻게 해야 할지를 소개한다. 사용자가 저지를 수 있는 실수를 소개하고 대처법을 알려 준다.

5) 연락처

애프터 서비스를 받을 수 있는 연락처를 밝힌다.

3. 제품사용설명서에서 가장 중요한 것은?

제품을 사용하는 사람은 다양하고, 어떤 제품은 잘못 사용하면 위험할 수도 있다. 그러므로, 제품사용설명서는 최대한 쉽고 분명하게 사용법을 알려야 한다. 이를 위해 다양한 그림으로써 사용법을 소개하는 경우가 많다.

1) 용어를 일관되게 써라

제품의 각 부분의 명칭이나 어떤 기능의 이름 등을 함부로 바꾸면 이해할 수 없다.

2) 그림을 활용하라

말로만 하면 정확하게 내용을 지시할 수 없다. 깔끔한 그림을 활용하자.

3) 차례를 밝힐 땐 한 과정에 하나의 내용을 담아라

동작을 지시할 땐 간단해야 한다. 단추를 누르든, 숫자를 맞추든 하나씩 지시하자.

4) 쉬운 말을 써라

어려운 한자말이나 외국어를 쓰지 말고 쉬운 말을 쓰자. 아름다운 문장보다는 정확한 문장을 쓰자.

■ 다음을 참고하여 '제품사용설명서'를 작성해 보자.

제품사용설명서의 일반 구성 요소	
제품일반	개요, 특성, 주요기능
설치 및 점검	설치 전 점검, 설치 방법
작동법	기능별 설명, 사용 방법
유지 및 보수	관리 방법
문제 해결	증상 및 해결 방법
기타	색인, 애프터 서비스 절차, 보증서

- 소비자 입장에서 사용하기 수월하도록 설명했는가 : (명료성)
- 단점을 잘 설명해 장점화 했는가 : (안전성)
- 미래를 보장할 수 있는가? : (보장성)

예) '내 인생의 사용 설명서'를 작성해보자.

■ 제품사용설명서 수정하기

 − '젤리향초 키트'의 사용설명서 수정하기

1. 기존의 제품사용설명서

1)

지친 피부를 탄력있고 윤기있게
투명하고 깨끗한 피부의 비밀

🔲 천연제품　아로마향초만들기 키트

젤리향초 키트1kg-티라이트60개(용기포함)
🔥 hot 강력추천!!

■ 판매가	: 50,000원
■ 원산지	:
■ 상품코드	: A1261185364
■ 수량	: 1
■ 총가격	50,000원

2)

🔲 상품상세정보 | DETAIL INFO

※ 할인대상 제외상품

플라스틱 티라이트용기의 투명한 특성을 살려 티라이트 젤리향초 60개를 만드는 키트입니다.

o 미술학원, 유치원등 단체의 교재용으로 활용하시면 좋습니다.
o 젤리 향초를 손쉽게 만들고 싶어 하는 분들을 위해 특별하게 준비한 젤리 향초 만들기 키트 (티라이트 교재용
   키트) 입니다.
o 직접 만들어 선물하시거나 유치원생을 비롯한 학생들 수강생들의 양초 만들기 교재로 활용하시면 좋습니다.
o 추가로 젤 왁스, 염료, 심지, 향료등이 필요하신 분은 좌측 메뉴중 별도로 구매하실 수 있습니다.

제작단가: 834원/개

3)

〈상품 구성〉

품 목	수량
젤 왁스(1kg MP)	1개
향료(20ml)	1개
플라스틱 티라이트 용기 (10개/세트)x6 = 60개	60개
젤왁스용 심지(3cm/탭포함) - 16번	60개
컬러스톤(250g) 분홍 노랑 연두 하늘 각 1개씩	4개
염료(액체 5ml) 3컬러(빨강 파랑 노랑/세트)	1세트

4)

〈만드는 방법〉

1. 핫플레이트를 이용하여 젤 왁스(MP)를 녹인다.
    가스렌지 이용시 약한불에서 녹여주세요. (자리를 뜨지 마세요)
2. 티라이트용기에 심지를 고정시킨다.
3. 적당한 컬러의 스톤을(한줄정도) 약 15g 배치하세요.
4. 녹인 젤왁스에 양초 전용 아로마 향료를 넣는다.(젤 왁스 대비 2%~3%)
5. 젤왁스가 최대한 식혔을때 100도 정도 되었을 때
    (물보다 시럽에 가깝게 느껴질 때) 용기에 부으세요.
6. 젖는 도구(나무젖가락은 젤을 뿌옇게 만드니 사용금지) 유리 또는 스텐레스 숫가락등 이용합니다.

<<주의>> 젤리향초가 액상상태일때 쏟아져서 불이 붙은경우에는 천으로 덮어서 불을 꺼 주세요. 절대 물로 끄시면 안됩니다

o 한 개의 용기에 컬러스톤 약 15g 이 들어가며 젤왁스는 약 16g정도 들어갑니다.
o 용기 10개 만들 때 컬러스톤은 약 150g 젤왁스는 약 160g이 필요합니다.
o 향은 젤왁스 무게대비 약 2~3%(1kg에 20~30ml 정도) 필요합니다

2. 수정 할 내용

1) 도입 부분에서

① 상품의 이름을 보고 '키트'가 뭔지 한참 고민했다. 세트일 것이라는 느낌은 있었지만 정확하게 사전을 찾아보니 키트는 "kit : (특정한 목적용 도구·장비) 세트"였다. 또한 이 상품은 구매자가 직접 만드는 제품이니 만든다는 단어를 넣어서, 상품의 이름을 구매자가 이해하기 쉽게 '젤리향초 만들기 세트'로 바꾼다.

② '티라이트'는 무슨 뜻인지 사전을 찾아보니 아래와 같다. 상품이름에서 양초, 향초가 반복되므로 티라이트 대신에 향초라는 단어로 통일한다.

tealight [|ti : laɪt] : (향기가 나는 장식용 작은) 양초

2) 제품상세정보에서

③ 티라이트 젤리향초 60개를 만드는 키트

　　→ 젤리향초 60개를 만드는 세트

④ 미술학원, 유치원등 단체의 교재용

　　→ 미술학원, 유치원생들의 양초 만들기 교재로 활용하시면 좋습니다.

⑤ 젤리향초 만들기 키트(티라이트 교재용 키트)

→ 젤리향초 만들기 세트

⑥ 직접 만들어 선물하시거나

→ 젤리향초를 직접 만들어 선물하시면 좋습니다.

⑦ 추가로 젤 왁스, 염료, 심지, 향료등이 필요하신 분은 좌측 메뉴중 별도로 구매하실 수 있습니다.

→ 젤 왁스, 염료, 심지, 향료 등은 세트에 포함되어 있지 않습니다. 세트 외에 추가로 필요하긴 상품은 좌측 메뉴에서 별도로 구매할 수 있습니다.

3) 상품구성에서

⑧ 젤 왁스(1kg MP) → 젤 왁스(MP) 1kg

⑨ (10개/세트)X6 → (10개/세트)X 6세트

4) 만드는 방법에서

⑩ 서술어의 형태를 통일한다.

녹인다. 시킨다. 하세요. 부으세요 → ~하다. ~한다.

⑪ 자리를 뜨지 마세요

→ 화재의 위험이 있으니 자리를 뜨지 않고 핫플레이트를 지켜봐 주세요.

⑫ 2%~3% → 2~3%

⑬ 젤왁스가 최대한 식혔을 때 100도 정도 되었을 때

→ 젤 왁스가 100℃ 정도로 충분히 식었을 때

⑮ 젖는 도구 → 젓는 도구

⑯ 스텐레스 숫 가락 → 스테인레스 숟가락

⑰ 솓아져서 → 쏟아져서

⑱ 불을 사용하는 제품이므로 안전에 대해 주의문구를 넣는다.

⑲ 애프터 서비스를 받을 수 있는 연락처를 남긴다.

⑳ 처음에 설명서의 차례를 제시한다.

3. 수정 후 제품사용설명서 〈젤리향초 만들기 세트〉

차 례

(1) 젤리향초 만들기 세트 안내
(2) 세트 구성 내용
(3) 젤리향초 만드는 방법

(1) 젤리향초 만들기 세트 안내

* 젤리향초 만들기 세트는 플라스틱 티라이트 용기의 특성을 살려 60개의 젤리향초를 만들 수 있는 상품입니다.

● 젤리향초를 손쉽게 직접 만들고 싶어 하는 분들을 위해 특별히 구성한 젤리향초 만들이기 세트입니다.
● 향초 만들기의 특성상 뜨거운 도구(핫플레이트, 가스레인지)를 사용합니다.
화재의 위험이 있으니 향초를 만드는 도중 자리를 뜨지 마시고, 화상을 입지 않도록 주의하시기 바랍니다.
● 미술학원, 유치원생들의 양초 만들기 교재로 활용하면 좋습니다.
● 젤 왁스, 염료, 심지, 향료 등은 세트에 포함되어 있지 않습니다. 세트 외에 추가로 필요한 상품은 좌측 메뉴에서 별도로 구매할 수 있습니다.

※ 불량품 및 기타 제품에 대한 문의사항은 032-882-2525에서 확인 할 수 있습니다.

(2) 세트 구성 내용

품목	단위	수량
젤 왁스(MP)	1kg	1개
향료	20ml	1개
플라스틱 티라이트 용기	10개/세트	60개
젤 왁스용 심지	3cm	60개
컬러스톤(분홍, 노랑, 연두, 하늘)	250g	4개
염료(빨강, 파랑, 노랑)	5ml	3개

- 플라스틱 티라이트 용기 1개에 컬러스톤 15g, 젤 왁스 16g 정도가 들어갑니다.
- 향료는 젤 왁스 무게대비 약 2~3% 들어갑니다.
  (젤 왁스 1kg에 향료 20~30ml정도)

(3) 젤리향초 만드는 방법

① 향초를 만들만큼의 젤 왁스를 덜어서 핫플레이트에 녹인다.
  가스레인지로 녹일 때는 불의 세기를 약으로 설정한다.
  (화재의 위험이 있으니 자리를 뜨지 마시고 주의해서 도구를 다룹니다.)
② 티라이트 용기에 심지를 고정시킨다.
③ 원하는 색의 컬러스톤을 약 15g(한 줄 정도) 배치한다.
④ 녹인 젤 왁스에 향료를 젤 왁스 대비 2~3%로 넣는다.
⑤ 젤 왁스가 100℃ 정도로 충분히 식었을 때, 젤 왁스를 티라이트 용기에 붓는다.
  (충분히 식은 젤 왁스는 물보다 시럽에 가까운 느낌입니다.)
⑥ 유리막대나 스테인리스 숟가락으로 용기에 부은 젤 왁스를 적절히 저어 원하는 형태를 만들어준다.
  (나무젓가락은 젤 왁스를 뿌옇게 변화시키니 사용에 주의하세요.)

⑦ 제작 후 3~5시간 서늘한 곳에서 향초를 식히고 완전히 굳힌다.

※ 주의 : 젤리향초가 액상상태일 때 쏟아져서 불이 붙은 경우에는 천으로 향초를 덮어서
불을 끕니다. 물로 향초의 불을 끌 경우 불꽃이 튀어 주변으로 튀어 화재가 번질 수 있
으니, 절대 물로 화재를 진압하지 마십시오.

03
기획안

📄 **기획안이란?**
　－자신의 안이 채택될 것을 목표로 계획을 세우고 제안을 하는 문서

📄 **기획안 작성 핵심**
　－'문제를 해결하는 과정'을 보여주는 것
　　: 문제파악 → Reframing

📄 **문제해결 절차**
　－정보의 수집 분석→정리→통합

1. 기획안의 형식 : 팔하원칙(八何原則)

■ When 언제 어떤 일정으로 실행할 것인가(시점, 시간)

- ■Where 어디서 실시할 것인가(지리적, 자연적인 환경 및 장소)
- ■What 무엇을 하려 하는가(기획의 주제 및 내용)
- ■Why 왜 이 기획을 입안하는가(의도, 이유, 배경)
- ■Who 누가 실시하는가(실행자 및 관련자)
- ■How 어떻게 이 기획을 추진하려 하는가(방법, 절차 도구)
- ■How many 수량은 얼마나 되는가(건수 및 분량)
- ■How much 비용은 얼마나 들고 얼마나 벌 수 있는가(예산 및 손익계산)

　　예) 글쓰기 워크숍 기획안
　　　－언제, 장소, 목적과 내용, 강사, 절차, 인원, 예산, 제반비용

2. 기획서 한 장에!

1) 제목, 부제목

　　－기획안 전체의 성격 규명
　　－맨위에
　　－간결하게 문법에 맞게
　　－부제목은 제목 바로 아래

2) 목표, 2차목표

　　－기획안의 목적 기술
　　－목표 : 기획안이 성취하려는 바
　　－2차목표 : 1차목표 보완

3) 논리적 근거

- 제안 실행 근거 제시
- 1~3단락으로 가장 많은 부분

4) 현재 상태

- 현재 상태에 대해 설명
- 제안과 관련된 현재 진행사항 서술

5) 실행

- 내가 원하는 것이 무엇인지 상세히 기술
- 원하는 행동을 직접 명시

3. 기획안 작성 요령

- 대담한 구상, 치밀한 기획, 세심한 실행
  - 메시지를 분명히 드러낸 효과적인 제목인지 확인
  - 짜임새 있게 목차를 구성한다.
  - 핵심 내용을 강조하는 표현을 한다
  - 표와 그래프를 적절하게 활용한다.
  - 문장을 동사의 명사형으로 끝맺는 것이 일반적
  - 시각적으로 산뜻하게 만든다.
  - 인용한 자료의 출처가 정확한지 확인한다.

개인 정보 강화를 위한 신규 서비스 이벤트 기획안

　최근 감소하고 있는 고객의 요구에 대응하고 신규서비스를 알리기 위한 방안으로 다음과 같이 기획서를 제출합니다.

2011년 05월 24일

마케팅팀 금잔디

기획 목적	· 개인 정보 도용 최소화를 통해 외부적 위협 요소를 제거함	
환경 분석	· 타 메이저 포털 업체의 개인 정보 강화 시스템 도입이 늘어나고 있음 · 개인 정보 보호에 대한 사회적 니즈가 증가하는 추세임	
현황 인식	· 신규 서비스에 대한 인지도가 30% 이하로 조사됨 · 게임 내 동접이 계속적 감소하고 있음(지난주 대비 3.5% 감소)	
문제점 도출	· ID와 패스워드만 알면 쉽게 해킹이 가능함 · 서비스가 도입되었으나 이용 방법을 모르는 회원이 다수임	
목표 설정	· 신규 서비스에 대한 사용자 인지도를 50% 이상으로 증가시킴 · 이벤트로 게임 내 동접 상승(목표 20% 증가)	
해결 방안	· 주요 타깃층에 어필할 수 있는 이벤트 경품 제공 · 개인정보 강화 사용 방법을 숙지할 수 있는 Q&A식 퀴즈 이벤트 기획	
일 정	6월 5일~8일	· 이벤트 페이지 제작 요청
	6월 9일~10일	· 이벤트 스토리보드 공유
	6월 11일~13일	· 이벤트 세팅 및 웹페이지 완료
	6월 14일~28일	· 이벤트 진행
인 원	· 총 3명(기획운영팀 1명, 디자인 팀 1명, 마케팅팀 1명)	
비 용	· 이벤트 경품 100만원(나머지는 기업 협찬)	
기대 효과	· 개인 정보 보호 강화 및 해킹 피해 감소 기대함 · 시스템 도입으로 대외적 긍정적인 기업 이미지 확보할 수 있음	
첨부 파일	· 작년 이벤트 진행성과 자료 및 기획서 첨부	

본사 고객 상담실 신설에 대한 제안

1. 현황 및 문제점

1) 영업직원의 업무 대응의 어려움
   - 업무 시간 중에 고객의 문의를 받기 때문에 충분한 대응이 이루어 지기 어려움
   - 영업직원의 판매현장이 바뀌므로 고객과 영업직원과의 만남이 원활하지 못함
2) 기존 계약자 및 고객에 대한 애프터 서비스 미비
3) 문의 대응 방법도 개인에 따라 차이를 보여 고객 만족도가 떨어지는 경우가 많음
4) 문의와 불만 사항에 대한 정보가 개인 단계에서 정리되어 버리기 때문에 차후개선 방향으로 연결되기 어려움
5) 영업직원이 신규 고객 대응과 개발에 힘쓰기 어려움

2. 문제 해결을 위한 제안

본사 안에 고객 상담실을 설치하고, 고객들의 문의와 불만사항을 원칙적으로 이곳에서 취급한다.

1) 고객에 대한 신속한 대응이 이루어질 수 있음
2) 정형적인 질문에 대한 매뉴얼화된 대응 가능
3) 불만사항이나 문의에 대한 정보가 데이터화되며, 마케팅의 기초자

료로 활용가능

4) 영업직원의 부담이 줄어들 수 있음

3. 실행 방법

1) 직원의 구성 : 실장 1명, 접수직원 2명
2) 접수시간 : 본사업무시간 월~토, 오전 9시 30분~오후 6시
   일요일, 휴일은 안내 테이프 발송
3) 접수내용 : 주택 구입과 전시장 안내에 관한 문의와 각종 항의
4) 시스템 : 데이터베이스 시스템 도입
5) PR : 주택 안내를 위한 신문광고와 전단지 광고에 상담실 전화번호
   기재

4. 비용

첨부파일 참조

1. 학내 시설 이용 때 불편했던 점을 하나만 골라 개선방안을 제시하는 기획안을 작성해 보자.

2. 진로와 관련하여, 대학 4년간의 자기계발 기획안을 만들어 보자.

수강 신청 학점 비례 등록금 제도 기획안

단과 대학별 일괄적인 등록금이 <u>아닌</u>[1], 본인이 수강 신청한 학점에 비례하게 등록금을 내는 기획서를 제출합니다.

2009년 11월 23일

○○○

기획 목적	·수강 신청 학점에 관계없이 일률적으로 내는 등록금 제도에 대한 불만[2]
현황 분석 현황 인식[3]	·4학년 재학생들은 현재 수강 신청 학점이 타 학년에 비해 매우 적지만 타 학년과 같은 등록금을 부과함. ·등록금에 대한 불만 사항이 속출하고 있음. ·현 등록금 체제로는 4학년 재학생들의 불만을 해소하기 힘듦. ·공과대, 미술대의 경우 실험이나 실습 과목 미수강을 고려하지 않음. ·4학년 재학생 뿐 아니라 타 학년 학생 중에서도 신청학점은 적지만 같은 등록금을 내는 것에 불만을 가지는 학생들 다수 있음.
목표 설정[4]	·등록금 제도 개선. ·최대 수강 학점에 대한 등록금 기준으로 수강 신청 학점에 대한 등록금 산출 및 수강 학점 당 등록금 산출
해결 방안	·설문을 통한 학생들의 요구 파악. ·각 단과대학 별로 등록금 산정에 대한 타당성 조사. ·공과대, 미술대의 실험 및 실습에 대한 비용을 조사. ·공과대, 미술대의 실험 및 실습 과목에 대한 등록금 차등 부과. ·최대 학점 신청에 대한 등록금 상한 제도 실시.

---

1 문장 새롭게. "단과 대학별 등록금제가 아니라 수강 신청 학점 비례 등록제방안 기획서를 제출합니다."
2 불만 차원이 아니라 구조적 모순에 대한 언급이 필요하다.
3 나열식 분석보다 항목화가 필요하다.
4 세부 항목 유사하다.

일정	12월 5일~8일	학생 설문 조사
	12월 9일~10일	설문조사 정리
	12월 11일~13일	각 단과대 별 등록금 조사
	12월 14일~28일	실험, 실습 과목 등록금 조사
기대 효과	• 수강 신청 학점이 적은 학생들의 불만 해소 • 실험, 실습 미수강 학생들의 등록금 과잉 부과 사라짐. • 등록금 사용 내역의 투명성 향상.	

☞ 불만 내용은 포착했지만, 왜 이런 상황이 표출됐는지에 대한 분석이 미흡하다. 그래야 대책이 나오기 때문이다.

일반 열람실 24시간 개방 확대에 대한 제안

1. 현황 및 문제점

1) 현재 도서관 운영 시간

열람실명		운영 시간
중앙도서관 (H동)	제1열람실	매일 06：00~23：00
	제2열람실	매일 06：00~23：00
	제3열람실	매일 06：00~23：00
제2신관 (T동)	3층열람실	매일 06：00~23：00
	4층열람실	매일 24시간
법학도서관 (R동)	제1열람실	매일 06：00~23：00
	제2열람실	매일 06：00~23：00

*시험 기간 중(12일간) 제2신관 3층 열람실 추가 개방

2) 학습 공간 부족
   - 시험 기간이 불규칙한 공대 학생들의 경우, 다수의 전공 시험이 겹치게 되면 현재 24시간 개방을 하고 있는 4층 열람실로는 부족
   - 사이버 강의 시험을 대비하는 학생들의 경우, 주말에 시험이 있기 때문에 금·토요일 야간에 열람실을 이용하고 자 함

2. 문제 해결을 위한 제안[5]

1) 시험 기간 중 추가로 24시간 개방하는 열람실을 확대

---

5 그동안 열람실 개방 공간, 시간을 확대하지 못한 이유에 대해 분석이 필요하다.

－시험 기간 중 열람실을 이용하고자 하는 학생들을 요구를 수용할
　　　수 있음
　2) 시험 기간 중 추가 개방하는 기간을 늘림
　　－현재 운영되고 있는 12일은 시험을 대비하기에 짧은 기간이므로
　　　시험 기간 2주전부터 마지막 사이버 강의 시험이 있는 주말까지 3
　　　주간을 개방함

3. 실행 방법

　1) 추가 24시간 개방 열람실 : 중앙도서관(H동) 제1열람실, 제2신관 3
　　　층 열람실
　2) 기간 : 매학기 6~8주, 13~15주 월요일부터 일요일까지

4. 비용

　*첨부파일 참조

위생을 위한 교내 화장실 시스템 기획안

<u>조금 더 나은 학교생활[6]</u>을 위해 이 기획안을 제출합니다.

2009년 11월 23일
기계과 ○○○

기획 목적		·바이러스 감염을 최소화하기 위해 접촉요소를 제거함	
환경 분석		·신종플루 등 신종 바이러스가 문제를 일으킴. ·일부 감염자들은 감염에 유의하지 않아 위험성이 있음.	
현황 인식		·교내 화장실 수도꼭지는 손을 씻기 전에 거쳐야하는 장치임. ·신종플루가 유행함에 따라 손을 씻는 활동이 활발해짐.	
문제점 도출		·소독을 위해 손을 씻지만 수도꼭지는 손을 씻기 전에 거쳐야하는 장치 임. ·많은 사람들이 수도꼭지는 의심하지 않고 만지는 경향을 보임.	
목표 설정		·접촉요소를 제거함으로서 위생안전을 실행함.	
해결 방안		·수도꼭지를 제거, 발로 물을 틀 수 있는 장치(패달 밸브)를 설치.[7]	
일정		12월 1일~10일	·교내 학생들의 의견 수렴
		12월 10일~12일	·제작업체에 제작 및 설치 문의
		12월 12일~13일	·제작업체와 관련된 모든 계약 성사
		12월 13일~2월 15일	·패달 밸브 설치 완료
인원		·총 5명 외 00명(의견조사팀 2명, 기획 및 문의팀 3명, 제작업체 00명)	
비용		·00000000원	
기대 효과		·바이러스 감염이 줄어듦 ·편안한 화장실 이용이 가능하게 됨	

☞ 시의 적절한 기획안으로 돋보인다.

---

6 추상적이다. 보다 구체적인 문제점을 발굴하자.
7 내용이 참신하다. 시의적절한 관찰에서 비롯되었음을 알 수 있다.

꿈을 향한 대학 4년간의 자기계발 기획안

불확실한 미래를 대비하여 차후에 <u>제가</u>[8] 큰 보람을 느끼고 성취감을 느끼며 행복한 삶을 살기 위해 지금부터 해 나가야 할 일을 구상하여 다음과 같은 기획안을 제출합니다.

2009년 11월 23일
건설도시공학부 ○○○

기획 목적	• 본인의 장래희망을 구체화하고, 이것을 이루기 위한 대학 4년, 군생활 동안의 구체적 계획을 세움.
자기 고찰	• 평소 성격이 분석적이고 탐구하기를 좋아함. • 활동적인 직업에 흥미가 있음. • 학교 주관의 적성 검사와 성격 검사 결과 기술자에 대한 직업 일치도가 상당히 높음.
구체적 희망직업설정	• 해외에서 활동적으로 일하는 현장 토목구조감리자가 적합함.
희망직업의 필요능력	• 해외에서 활동을 해야 하므로 <u>영어</u>를 유창하게 할 수 있어야함. • 관련분야의 <u>기술사 자격증</u>이 있으면 특급기술자로서의 대우를 받기 쉬움. • <u>실무 경험</u>을 많이 쌓는 것이 중요함.
현재 나의 상황	• 영어 실력이 부족함. (간단한 신문기사 정도를 해석할 수 있는 독해실력, 회화도 간단한 대화만을 할 수 있음.) • 전공을 살려야 하는 직업을 희망하므로 앞으로의 전공공부가 매우 중요 • 군복무를 해야 함.
구체적 계획	• <u>1년 후 군복무 시 카투사나 공병대에 지원.</u> • 전공과목 공부 시 과목 정리노트를 작성함. • 객관적인 영어실력을 측정하기 위해 2달마다 <u>영어인증시험 응시.</u> • 이번 겨울 방학부터 영어회화학원을 다님.

8 주어사용에 신중 하자. '내'가 주어이므로 생략하자.

	・군 제대 후 어학연수를 1년 다녀옴. ・4학년 때 인턴십에 지원함. ・2학년 여름방학 중 해외 봉사활동을 다녀옴. ・과 동문들과의 친목회에 자주 참석.[9]
기대 효과	・공병, 인턴생활을 통해 건설의 기초적인 실무를 빨리 익힐 수 있는 기회를 마련할 수 있음. ・입사 후 기술사 자격증을 취득하기 위해 대학 때 정리한 전공노트를 활용하면 효율적으로 복습을 할 수 있음. ・카투사, 회화학원, 어학연수를 통해 외국인과 자주 대화할 수 있는 환경 을 만들 수 있음. ・해외 봉사활동을 통해 사회봉사심과 세상을 보는 안목을 넓힐 수 있음. ・<u>같은 과 동문들과의 친목을 통해 서로 정보를 교환하고 인맥을 넓힐 수 있음.</u>

☞ 자기분석이 어느 정도 이루어졌고, 그에 맞춘 계발기획으로 보인다. 영어에만 치중한 점이 눈에 띈다. 자격증 부분, 실무 계획 미비하니 이 부분을 채우도록 하자.

☞ 전체적으로 기획안 예시에 의존해 참신함이 떨어진다. <기획안 작성요령> 중 '핵심내용을 강조하는 표현(글자체, 밑줄), 표와 그래프 등 시각적 표현을 가미 하자.

---

9 왜 그 내용이 중요한지 읽는 사람이 공감할 수 있어야 한다.

직장실용문

1. 휴직원

(1) 개인사정 및 가사사정 또는 신병치료를 위해 근무회사를 휴직하고
자 할 때 제출하는 서류
(2) 내용 : 휴직이유, 휴직기간(예상기간), 수신인은 대표이사명의로 인사
부에 제출
(3) 휴직으로 업무의 공백을 최소화시키기 위해 휴직원을 제출하기 전
근무부서 직속 상사와 면담 통해 대처 방안 마련

■ 휴직원문안 사례

휴 직 원

소속 : 총무부
성명 : 구준표
직위 : 대 리

상기자는 2011년 05월 25일 부로 신병치료를 위해 휴직코자 이에 휴
직원을 제출합니다.

1. 휴직사유 :

2. 휴직기간 :

3. 휴직중 연락처 :

4. 별첨 :

2011년 05월 24일

위원인 : 구 준 표 (인)

홍익주식회사 대표이사 단군왕검 귀하

2. 복직원

(1) 개인사정 및 가사사정 또는 신병치료를 위해 근무회사를 일시 휴
   직하였다가 다시 복직할 경우 제출하는 서류
(2) 내용 : 휴직기간 복직이유 기재, 수신인은 대표이사명으로 하여 인
   사부에 제출
(3) 복직으로 회사의 출근은 회사로부터의 복직명령(복직사령)을 받은
   후에 출근하는 것이 바람직하다.

■복직원문안 사례

복 직 원

소속 : 총무부
성명 : 구준표
직위 : 대　리

 휴직기간 : 2010년 05월 25일부터 2011년 05월 25일까지

 상기자는 2010년 05월 26일부터 신병치료를 위하여 휴직하였는 바,
신병이 완치되어 근무가 가능하게 되었기에 이에 복직원을 제출합니다.

2011년 05월 24일
위원인 : 구 준 표 (인)

홍익주식회사 대표이사단군왕검 귀하

3. 사직원

(1) 사직서는 맡은 바 직무를 그만 두고 물러날 때 쓰는 서류
(2) 제출처는 상사, 인사부
(3) 수신인은 사장
(4) 제출 시기 보통 1개월 전, 늦어도 2주일 전

■ 사직원문안 사례1

사 직 서

본인은 일신상의 사정으로 부득이 소직을 사직코저 하오니 청허하여 주시기 바랍니다.

2011년 05월 24일

소속 : 소 설 분 과
성명 : 황 석 형 (인)

사 직 원

소속 : 소설분과
성명 : 목 거 일
직위 : 위 원 장

상기자는 가정사정으로 5월 26일부터 사직코저 이에 사직원을 제출합니다.

2011년 05월 24일
위원인 목거일 (인)

대한민국주식회사 사장 이명반

4. 출장복명서

(1) 회사 업무상 출장후 출장 결과에 대한 내용을 보고하기 위한 문서
(2) 유의사항 : 출장 목적, 출장 기간, 출장 장소, 면담자, 출장 결과, 기타 내용 일목요연 작성

출 장 복 명 서

20○○년 ○○월 ○○일
○○부장

이번 건으로 다녀왔던 ○○출장에 대해 결과 보고를 다음과 같이 보고 합니다.

– 다 음 –

1. 출장목적 :
2. 출장기간 :
3. 면 접 자 :
4. 결   과 :
5. 기   타 :

20○○년 ○○월 ○○일
○○주식회사 홍길동 올림
○○시 ○○구 ○○동 ○○○-○○
TEL :
FAX :
E-MAIL :

5. 경위서

(1) 과거 시말서, 일을 하다가 본의 아니게 회사에 손해를 입히거나 거래 회사에 폐를 끼친 경우 잘못한 사람이 그 일의 전말을 자세히 적은 문서

(2) 따로 정해진 서식 없이 1장의 백지에 발생한 일의 전말과 함께 반성, 사죄의 뜻을 표하면 된다.

(3) 간결하고 진심으로 사과하는 뜻을 담는다.

(4) 사내 : 상관에게 제출, 실책에 대한 징계 성격 - 징계, 면직, 감급,

(5) 사외 : 수신인 대상 회사의 책임 있는 사람 앞

■ 경위서문안 사례 1

경 위 서

   본인은 2010년 11월 24일 사무 착오로 본의 아니게 회사에 재산상의 손실을 가져오게 한데 대하여 깊이 반성하고 사과하는 동시에 손실금은 변상하겠으며, 앞으로 다시 이와 같은 부주의한 일을 하지 않을 것을 맹세하고 이에 경위서를 제출합니다.

2011년 05월 24일
기획부 김 지 상 (인)

경 위 서

소속 :

직위 :

성명 :

    금번 본인은 2011년 05월 24일 홍대에서 개최된 불우이웃 돕기 협력업체 바자회에서 물건을 판매하던 중 협력업체 가운데 하나인 세중실업의 사원과 사소한 말다툼 끝에 그에게 약간의 상처를 입혔습니다. 이는 협력업체와의 친선도모와 불우이웃돕기바자회의 본래 의미를 망각한 행위로 바람직하지 못한 것이었습니다. 이러한 본인의 잘못으로 회사의 명예를 훼손시킨 것은 물론 협력업체와의 유대에도 다소나마 악영향을 미친 것을 깊이 반성하고 추후에는 이런 일이 없을 것을 서약하며, 이에 경위서를 제출합니다.

2011. 05. 25

작성자 황 구 라 (인)

구라실업 총무부장 귀하

05
업무용 기안문

1. 직장 업무는 문서를 통해 소통한다

　-틀린 글자 없도록 주의하자

　-정중한 표현 쓰자

　-육하원칙 활용하자

　-배열과 글씨체에 관심 갖자

　　예) 업무계획서, 보고서, 공문서, 업무일지, 회의록, 편지 등

2. 업무용 공문 작성

　-대표적인 업무용 문서

　-종류

1) 기안공문

: 한 부서에서 다른 부서나 기관에 보내기 위해 내부결재를 받는다.

2) 시행공문

: 다른 부서나 기관에 보낸다.

3. 기안문 작성시 유의사항

1) 정확하게 표현할 것

- 내용, 설명, 기록이 틀리지 않도록 한다.
- 필요한 내용이 빠지지 않도록 한다.
- 문장부호를 정확하게 사용한다.
- 용어를 정확하게 사용한다.
  '이상', '이하', '미만', '초과', '외' 등
  '이전', '이후', '전', '후' 등
  '과' 또는 '와'와 '및' 등

2) 명확하게 표현할 것

- 육하원칙을 적용하여 내용을 구체적으로 표현한다.
- 구체적이며 적극적인 표현을 쓴다.
- 결론을 먼저 제시한다.
- 애매모호한 표현과 과정을 피한다.

−쉽고 이해하기 쉬운 표현을 쓴다

3) 간결하게 표현할 것

−1건1매주의 원칙에 따라 꼭 필요한 내용만을 간략하게 나타낸다.
−어구의 표현을 간략하게 한다.
−한 문장 한 뜻의 짧은 글로 표현한다.
−구절은 되도록 개조식으로 표현한다.

4) 성실하게 표현할 것

−문장은 과장하지 말고 진실되게 표현
−상대방을 높이는 경어와 이쪽을 낮추는 겸양어를 사용

4. 기안문의 구성과 작성항목

1) 공문의 구성

−서문, 본문, 결문
■ 서문
: 발신기관명, 우편번호, 주소, 전화번호, 문서번호, 시행일자, 수신
  처 보존기간, 수신기관(경유, 수신, 참조)
* 수신기관 중 경유는 수신기관보다 낮고 발신기관보다 높은 기관이
  있을 때 사용
■ 본문
: 제목과 내용, 첨부와 끝 표시

■ 결문

: 발신명의, 수신처 등

2) 기안공문 작성 항목(괄호 안의 번호는 기안문의 양식의 번호)

■ 관인 생략 등 표시(1)

: 관인 생략 또는 서명 생략을 기재한다.

■ 기관명(2)

: 중앙에 글자 간격 똑 같이 띄어 배치

  ─위 여백 3~4cm

■ 취급(3)

: 지급, 기관장 보고 후 처리, 전신, 정보통신망, 팩스전송 등의 표시

■ 보고 등 표시(4)

: 보고 심사, 협조 심사 등의 표시

■ 우편번호 및 주소(5)

: '(우)'자를 기입하고 1타를 띄운 다음 우편번호를 입력한다. 주소
  는 간략하게 낱말 사이를 1타를 띄우며 작성

■ 전화번호(6)

: 용지 가로 중간 지점에서 빗금(/) 친 다음 '전화' 낱말 입력

  ─1타 띄우고 해당 국번과 번호 입력

■ 전송번호(7)

: 전송번호(FAX No.) 기재 없으면 생략

  ─용지 오른쪽 한계선에서 '전송번호'만큼 들어간 지점에서 빗금
    (/) 치고 '전송' 낱말 친다.

  ─1타 띄우고 국번과 번호 입력

－번호 끝 글자가 오른쪽 한계선과 일치하도록 한다.

■ 처리과(8)

: 해당 문서를 처리한 과(부서)의 명칭 기재

■ (9~11)

: 문서 처리 및 문의에 응할 사람 기재

　－과장 이하 직원의 직위, 직급 및 성명 기재

　－담당자는 성명만 기재

■ 문서번호(12)

　● 구성－기관기호, 분류번호, 문서 등록번호

　● 기관기호－그 기관의 과 또는 담당관의 약칭(두 글자에서 세 글자)

　● 분류번호－매년 1월 1일을 기준으로 발송되는 순서, 즉 연도별
　　　　　　　 일련번호

　● 문서등록번호－'－' 이후 기재

■ 시행일자(13)

: 문서를 시행한 날짜 기재

　예) 2009. 4. 8.

■ 경유(14)

: 중간기관을 거쳐서 협조 얻을 필요가 있을 때

　－기관장이 경유

　－경유처가 없으면 기입하지 않는다.

■ 수신(15)

: 공문을 받을 대표자

　－반드시 기재

■ 참조(16)

: 공문을 받아 처리할 주무 담당

■ 제목(17)

: 내용을 간결하게 표현

■ 보존기간(18)

: 기안 문서의 보존기간

　－영구, 30년, 20년, 10년, 5년, 3년, 1년

■ 기관장(19)

: 해당 기관의 장

■ 공개여부(20)

: 공개, 부분공개, 비공개 표시

■ 보조기관(21)

: 보조기관의 직위를 간략하게 기재 후 서명

■ 기안자(22)

: 기안자가 서명

■ 심사자(23)

: 처리과의 문서 심사자가 서명

■ 내용(24)

　● 제목을 구체적으로 풀이하여 서술

　● 항목을 구분하여 기재

　● 형식

　　1,2,3,…

　　　가, 나, 다…

　　　　(1), (2), (3)…

　　　　　1), 2), 3)…

　　　　　　"끝"

■ 발신 명의(25)
: 발신기관명의 대표자 직위 기재
  −관공서가 아닌 기관에서는 기관장의 성명까지 기입
  −내부문서 : 기안자의 소속 부서명과 부서장의 직명 기재
  −작성방법 : 용지 하단으로부터 3~5cm 떨어진 중앙에 용지 가로
            길이의 절반 정도
■ 수신처(26)
: 수신기관 두 곳 이상일 때, 발신명 아래

(1) 관인생략

(2) 기관명

        (3) 취급   (4) 보고

(5) (우) 　　주소	/ (6) 전화(　　) / (7) 전송(　　　)		
(8) ○○과 　　(9) 과장○○○	(10) 사무관○○○	(11) 담당자○○○	

(12) 문서번호

(13) 시행일자

(14) 경유

(15) 수신

(16) 참조

(17) 제목

보존기간	(18)	(19) 기관장	
공개여부	(20)		
(21)			
(21)			
(21)			
기 안 자	(22)		협조
심 사 자	(23)	심 사 일	

---

(24)

1.*(본문내용)○○○…○ (×는 2타(한글 1자) *는 1타(숫자 1자)를 띠움).
　가.*○○○………………………………………○.
　(1)*○○○……………………………………………○.

2.*○○○……………………………………○.
　가.*○○○……………………………………○.

첨부: ○○○……………………………………○ 끝.

(25) 발 신 명 의

(26) 수신처 : ○, ○. ○.

기 관 명

(우편번호) 주 소	/ 전화번호	/ 전송번호
○○○과 과장 ○○○ 담당자 ○○○ (이메일 주소)		

문서번호

시행일자

공개여부

수신

참조

선람		(1)	(2)	지시		(3)	
접수	일자 시간	. . . :		결재 · 공람		(6)	(6)
	번호	제 호					
처리과		(4)					
담당자		(5)					
심사자				심사일			

1.*(본문내용) ○○○……○. (×는 2 타(한글 1자) *는 1 타(숫자 1자)를 띄움)

　가.*○○○……………○.

　　(1)*○○○……………○.

2.*○○○……………○.

　가.*○○○……………○.

첨부 : ○○○………………………………………○ 끝.

발 신 명 의

수신처 : ○. ○. ○.

1. 총학생회 소속 임원들이 '대성리'로 동계 수련회를 가려고 교학지원처 담당 직원(이민호)에게 경비 청구하는 기안문을 작성하려 한다. 다음 중 (1)~(5)번에 해당하는 내용을 채우시오. (특히, 4번에 들어갈 내용은 구체적으로 항목화해 적으시오.)

관인생략

홍익대학교 총학생회

| (우)121-791 서울시 마포구 상수동 72-1 /전화(320-1114) /전송(320-1115) |
| 총학생회장 홍길동　　　　학생지원부장 홍두깨　　　　　담당 홍명희 |

문서번호 홍익 2010-231

시행일자 2010. 12. 22.

수신 (1) _____

참조 (2) _____

제목 (3) _____

보존기간		총학생회장	
공개여부			
지원부장			
		협조	
기안자		심사일	
심사자			

(4)

....

....

....

....

　붙 임 : 수련회 참석자 명단. 끝.

(5)_____

3부
사회생활과 기술문서

::::

　직장생활과 함께 사회생활 중에도 소통의 수단으로 각종 문서가 쓰이고 있다. 말로써 근거를 삼을 수 없는 일들이 수없이 일어난다. 법률적 근거는 물론 경제적 목적을 달성하기 위해서 문서를 통한 소통은 필수적이다. 사업계획서와 몇 가지 일반 실용문과 서간문의 작성방법을 살펴보도록 하자.

01 사업계획서

1. 사업계획서의 내용

1) 사업계획서란?

사업에 대해 미래의 청사진을 예측해 주는 문서(보물지도)

2) 왜 사업계획서를 작성하는가?

- 금융기관(은행, 창업투자기관, 투자가)에서 요구하는 요건을 충족시
  키기 위해
- 계획을 통해 얻은 충분한 생각만이 사업 성공을 보다 빠르게, 보다
  성공적으로, 보다 덜 고생

3) 사업계획서는 어떻게 도움을 주는가?

■ 놀라운 사건들의 출현을 방지한다.

■ 재원을 가져다준다.

■ 사업운영에 있어 보물지도이다.

■ 자신감을 불러일으킨다.

■ 대화도구가 된다.

4) 사업계획서에 무슨 내용을 포함시키는가?

■ 사업목표, 전략, 경영관리, 생산계획의 독특성, 재무상의 예측, 성공의 과정/ 경영자 : 요약, 사업의 기본 특성, 마케팅계획, 운영계획, 재무계획

■ 무엇을 작성해야 하나?

: 단편적인사실로부터 중요정보를 개발한다.

　예) 도서관, 상공회의소, 경쟁업체, 회계사, 사업체 출자자 면담 정보 수집, 시장조사, 기존 회계자료를 통해 미래성장 투영, 예측

■ 작성 분량은?

: 매출액 10억 미만의 사업체의 경우 10쪽 분량

2. 사업계획서의 체계

1) 경영자 요약

■ 제안하는 사업의 내용

　● 상품 및 서비스의 내용

- 도표, 그림 또는 사진(가능한 한)으로 표현
■ 제안하는 마케팅 기법의 요약
  - 목표로 하는 시장(세분화된 하부시장)의 내용
  - 세부화된 시장에 접근하기 위한 경로(도매상, 소매상, 유통상, 우편주문 등)의 설명
■ 추정된 재무적인 수치의 요약
  - 3년 정도 목표하는 판매액
  - 첫 3년간 추정되는 이익
  - 필요한 창업자본의 추정액

2) 사업목표의 진술

: 제품 또는 서비스의 이상(바람)
■ 제품 또는 서비스의 장점, 기존 제품 또는 서비스의 개선점 진술
■ 제안된 사업의 장기 및 단기 목표
■ 사업을 경영하는 사람(소유경영자)의 자격(이력)
■ 소비자가 보기 원하는 사업이미지의 '성격, 특성'

3) 제안하는 사업의 배경

■ 진입하려는 사업의 기존 상태에 관한 요약적 진술
  - 현재의 제품 및 서비스가 '어디서' 사용되고 있는가
  - 현재의 제품 및 서비스가 '어떻게' 사용되고 있는가
■ 진입하려는 사업의 공간적인 상태에 관한 상세한 진술
  - 사업 및 산업분야에서 예상되는 기대 정도 진술
  - 만나게 될 경쟁자에 관한 진술

- 경쟁에 대응할 전략 내용
- 보유한 제품 및 서비스의 특성

4) 제품 및 서비스의 기술적인 서술내용

- '제품이 어떻게 작동하는지', '서비스가 어떻게 사용되는지'에 관한 기술적이며 정확한 진술
- 시도한 실험 및 실험 자료와 결과물의 요약
- 시도한 실험 및 실험 목적의 요약
- 차후에 등장할 제품 또는 서비스에 관한 간략한 진술

5) 마케팅 전략

- 진입하려는 구체적인 시장에 관해 진술
- 구체적인 시장에 접근하기 위한 유통계획 진술
- 진입하려는 시장의 '점유율'을 시간의 흐름으로 진술

6) 판매전술

: 제품 또는 서비스를 판매하는데 이용할 활동들을 요약 진술
- 제품 또는 서비스를 판매촉진하기 위해 기대 되는 판매기법을 기술
- 샘플자료 및 광고물, 홍보 기타 판매촉진 자료들을 포함시킨다.
- 판매목표를 달성하기 위한 개인적 능력(인프라, 잠재고객)
- 판매예측에 따른 예상 판매이익 설명한다

7) 공정계획

　: 필요한 조직을 설명
- 필요한 사업기능과 관계를 설명하는 조직도 소개
- 채용할 사람들의 주요 직위와 역할 소개
- 주요 경영진의 이력서를 소개
- 필요한 장비, 시설물, 공간, 건물입지 소개
- 필요한 연구 및 개발시설 설명

8) 결론

　: 새로운 조직을 만드는데 필요한 접근방법 설명
- 필요로 하는 총자본과 어느 정도면 안정적 운영이 가능한지 설명
- 얼마의 이윤이 기대되고, 언제 성취될 수 있는지 기술
- 자신과 동업자가 바라는 소유비율 소개
- 필요한 총자본과 조달방법 소개
  - 창업 때 소요되는 자금 중 나의 지분 기술
  - 타인으로부터 조달해야 할 자금과 시기 기술
- 사업 창업에 이르는 일정 계획 소개

3. 사업계획서 양식

- 겉장
- 목차
- 개요 및 개관

- 경영진 및 조직
- 취급상품 및 서비스
- 마케팅 전략
- 재무계획
- 운영 및 통제관리체계
- 성장계획
- 부록

* 참고 : 〈세상홈페이지〉 http : //www.se-sang.com

4. 〈행복나눔재단〉'세상' 사회적기업 콘테스트 사업계획서 작성양식

1) 목차

- Summary
- 문제 제기
- 시장 분석
- 전략적 목표
- 내부역량 분석
- 마케팅 전략
- 재무
- 사회적 가치
- 지속 및 확장 가능성
- 경영팀 및 조직

2) Summary

- 해결하고자 하는 사회적 문제
- 비즈니스 모델(핵심 사업 요약)
- 전략적 목표
- 목표 시장과 고객
- 경쟁우위
- 예상되는 재무적 가치와 사회적 가치
- 경영팀 소개

3) 문제제기

- 해결이 필요한 소비자의 필요와 사회적 필요
- 이 사업이 왜 필요하며, 어떤 기회가 존재하는가?
- 비즈니스 모델과 창출되는 사회적 가치가 어떻게 연결되는가?
- 왜 우리의 비즈니스 모델이 새롭고 혁신적인가?
- 기존의 국내 영리기업 및 사회적기업 사업 아이템들과의 차별성

4) 시장분석

- 목표 시장의 특성
- 핵심 목표 고객의 특성
- 경쟁자 분석과 시장의 진입 장벽
- 기존의 시장, 사회복지사업, 사회적기업의 영역과 시장충돌 가능성

5) 전략적 목표

- ■ 비전
  - ● 사업의 궁극적 지향점과 경영 철학, 미래상
- ■ 미션
  - ● 창출되는 사회적 가치와 경제적 가치
  - ● 전략적 목표의 구체화
  - ● 구체적인 수익 창출 목표
  - ● 구체적인 사회적 가치의 목표

6) 내부역량분석(내부역량을 통한 전략적 목표 실현 가능성)

- ■ 제품 및 서비스(기술적 경쟁력)
- ■ 인력(인적자원의 경쟁력)
- ■ 파트너십(사회적 자본의 경쟁력)
- ■ 기타 차별적 경쟁력의 요인
- ■ 현재까지의 진행 상황과 향후 추진 계획
- ■ SWOT 분석

7) 마케팅전략

- ■ 제품 및 서비스의 실현가능성, 타당성
- ■ 시제품을 바탕으로 한 구체적 시장 조사 결과 등
- ■ 제품 및 서비스 출시 계획
- ■ 가격전략
- ■ 유통전략

- 홍보 및 광고 전략

8) 재무

- 향후 요구 투자(3개년 간)
- 투자 유치 계획
- FROI(재무적 투자 대비 이익)
- 향후 손익 예상치, 현금흐름 등 재무 계획(3개년 간)

9) 사회적 가치

- 창출 가능한 새로운 사회적 가치(가급적 사회적 가치를 수치로 환산하여 표현)
- 해결 가능한 사회적 문제의 정도
- 이해관계자들을 얼마나 변화시킬 수 있는가?
- 얼마나 많은 계층, 사람들이 수혜를 받는가?

10) 지속 및 확장 가능성

- 지속적인 혁신 계획
- 향후 사업 확장 계획
- 지역사회의 지지(비재무적 관점에서의 지속성)

11) 경영팀 및 조직

- 창업자 소개, 창업자의 철학, 경험과 역량
- 창업자의 의지와 몰입 정도
- 경영팀 소개, 경영팀의 강점

- 기업 유형
- 조직 형태
- 의사결정 구조
- 수익 배분

12) 첨부 자료

- 경영팀 이력서
- 시제품 시안, 특허 자료 등

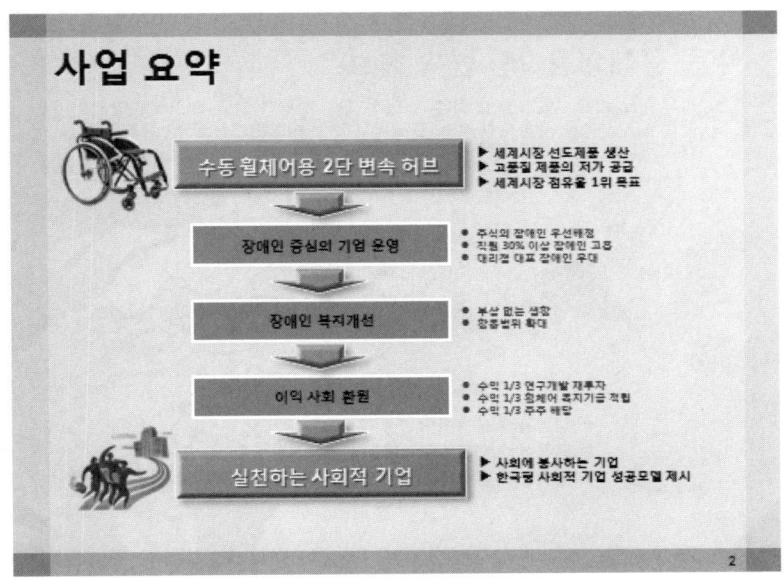

날으는 휠체어 바퀴

사회적 기업의 창조적 성공모델

사업 요약

| 수동 휠체어용 2단 변속 허브 | ▶ 세계시장 선도제품 생산
▶ 고품질 제품의 저가 공급
▶ 세계시장 점유율 1위 목표 |

| 장애인 중심의 기업 운영 | ● 주식의 장애인 우선배정
● 직원 30% 이상 장애인 고용
● 대리점 대표 장애인 우대 |

| 장애인 복지개선 | ● 부상 없는 생활
● 활동범위 확대 |

| 이익 사회 환원 | ● 수익 1/3 연구개발 재투자
● 수익 1/3 휠체어 복지기금 적립
● 수익 1/3 주주 배당 |

| 실천하는 사회적 기업 | ▶ 사회에 봉사하는 기업
▶ 한국형 사회적 기업 성공모델 제시 |

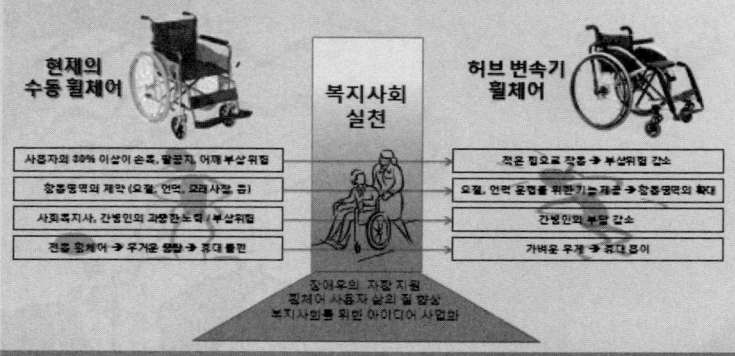

왜 필요한가?

- 인구의 1%인 휠체어 사용자 중 90%가 사용하는 수동 휠체어는 구동방법의 비효율로 사용자의 30%가 손목, 팔꿈치, 어깨 등에 부상이 있습니다.
- 기존 휠체어를 획기적으로 개선하여, 장애인의 부상을 방지하고 자활을 지원하여 삶의 질을 향상시키는, 복지사회 실천에 기여하고자 합니다.

현재의 수동 휠체어

복지사회 실천

허브 변속기 휠체어

사용자의 30% 이상이 손목, 팔꿈치, 어깨 부상 위험	적은 힘으로 작동 → 부상위험 감소
활동영역의 제약 (오르, 언덕, 모래사장 등)	오르, 언덕 운행을 위한 기능제공 → 활동영역의 확대
사회복지사, 간병인의 과중한 노력 / 부상위험	간병인의 부담 감소
전동 휠체어 → 무거운 중량 / 휴대 불편	가벼운 무게 → 휴대 용이

장애우의 자활 지원
휠체어 사용자 삶의 질 향상
복지사회를 위한 아이디어 사업화

3

수동 휠체어용 2단 변속 허브

- 적은 힘으로 오르막길을 오를 수 있으며, 후진방지가 되고, 내리막길에서의 안전제어 기능을 제공하는 수동 휠체어용 2단 변속 허브는 모든 휠체어에 장착이 가능하며, 운송이 용이하고, 장애인들에게 저렴하게 공급합니다.

적은
노력

안전
제어

후진
방지

▶ 경량화 → 운송 용이
▶ 호환성 → 모든 휠체어에 장착 가능
▶ 경제성 → 경쟁제품 대비 저렴한 가격 (MagicWheels 제품의 1/10)

4

제품의 특징

□ 자체 특허로 개발된 수동 휠체어용 2단 변속 허브는 타 제품 대비 고기능, 저 가격의 우수한 경쟁력을 보유하고 기존 휠체어와 호환성을 지닌 변속 허브와 바퀴만을 생산 제공하여, 기존시장을 포함한 새로운 블루오션 시장을 창출합니다.

항목	자사제품	미국 Magic Wheels사 제품
호환성	◎	○
변속단	1. 직결 및 감속 2. 직결 및 가속	(직결 및 감속)
후진방지	○ (직결에서도 지원)	○
무게	1.8Kg	4.5Kg
가격	50만원 (예정)	$5,000 (약 560만원)

특징
● 특허 보유 독자기술로 개발
● 휠체어 바퀴만 제공
  → 기존 사용자도 바퀴만 교체가능
  → 휠체어 완제품은 생산 안함

사업성
● 선진업체 대비, 우수한 경쟁력 보유
  (고기능, 저가격)
● 기존 시장을 확대
  → 기존 사업자에게 변속 허브를 공급하여 경쟁을 지양하고 기존시장용 활용
● 블루오션 시장 창출
  → 기존 사용자의 바퀴만 교체
● 보급형과 고급형 출시를 통한 차별적 시장접근

『블루오션 시장 창출』

제품 기대효과

□ 2단 변속허브는 휠체어 사용자의 부상 및 2차 장애 위험을 감소시키고, 활동 범위를 확대함으로써, 삶의 질 향상에 기여합니다.
□ 부상치료에 들어가는 비용을 절감하여 좀더 낳은 복지에 사용할 수 있습니다.

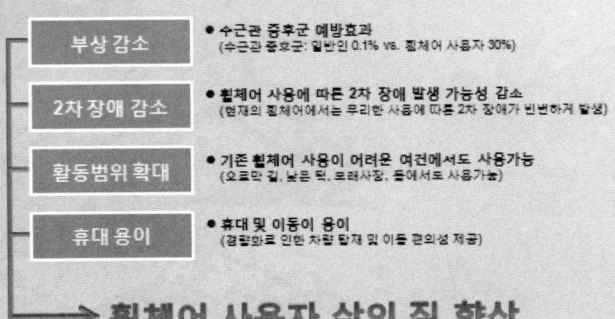

부상 감소
● 수근관 증후군 예방효과
  (수근관 증후군: 일반인 0.1% vs. 휠체어 사용자 30%)

2차 장애 감소
● 휠체어 사용에 따른 2차 장애 발생 가능성 감소
  (현재의 휠체어에서는 무리한 사용에 따른 2차 장애가 빈번하게 발생)

활동범위 확대
● 기존 휠체어 사용이 어려운 여건에서도 사용가능
  (오르막 길, 낮은 턱, 모래사장, 물에서도 사용가능)

휴대 용이
● 휴대 및 이동이 용이
  (경량화로 인한 차량 탑재 및 이동 편의성 제공)

→ 휠체어 사용자 삶의 질 향상

사업 개요

□ 자사는 자체 특허 기반의 독자기술로 개발된 경쟁력 있는 제품을 기반으로
장애인과 소외계층을 생각하는 사회적 기업으로 성장하고자 합니다.

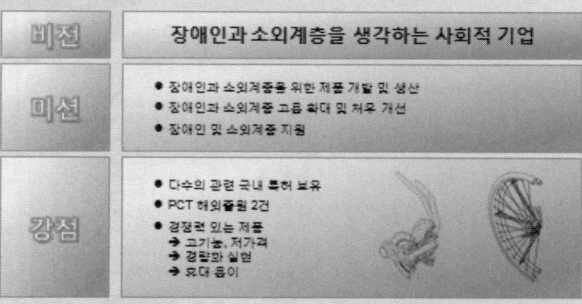

사업 목표

□ 수동 휠체어용 2단 변속 허브는 장애인, 고령자의 삶의 질 개선에 기여할 것
이며, 이의 수익을 장애인 채용 및 사회기여에 재투자 함으로써, 모범적인
사회적 기업을 실천하고자 합니다.

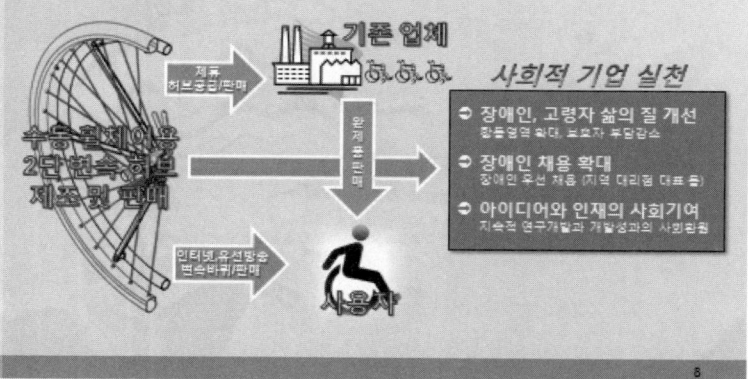

시장 규모

- □ 휠체어 시장은 미주, 유럽 등의 선진국이 세계시장의 80% 이상을 점유하고 있어, 이들을 대상으로 하는 수출중심의 사업 전개가 요구됩니다.

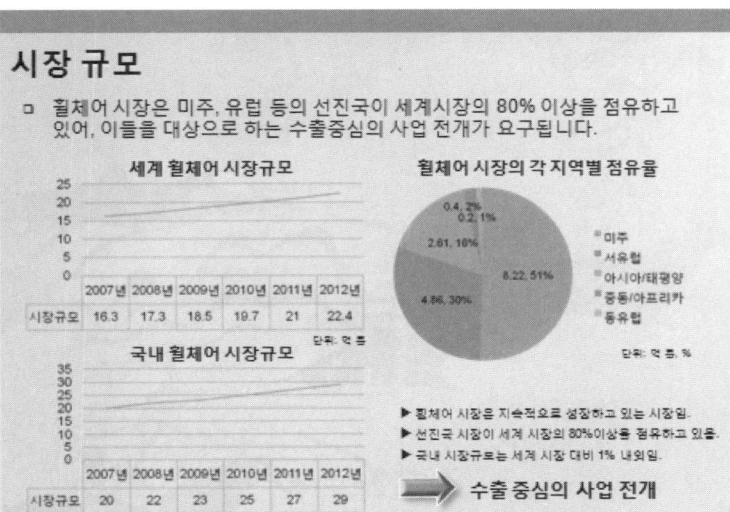

▶ 휠체어 시장은 지속적으로 성장하고 있는 시장임.
▶ 선진국 시장이 세계 시장의 80%이상을 점유하고 있음.
▶ 국내 시장규모는 세계 시장 대비 1% 내외임.

➡ 수출 중심의 사업 전개

시장 진입

- □ 휠체어용 2단 변속 허브와 바퀴만 전문적으로 생산 판매함으로써, 기존 휠체어 업체와의 경쟁을 지양하고 협력 보완관계로 관계를 재설정할 것입니다.
- □ 개인 사용자가 사용하고 있는 휠체어의 바퀴만을 교체하여 성능을 개선하는 사용자 직 구매를 활성화 할 것입니다.

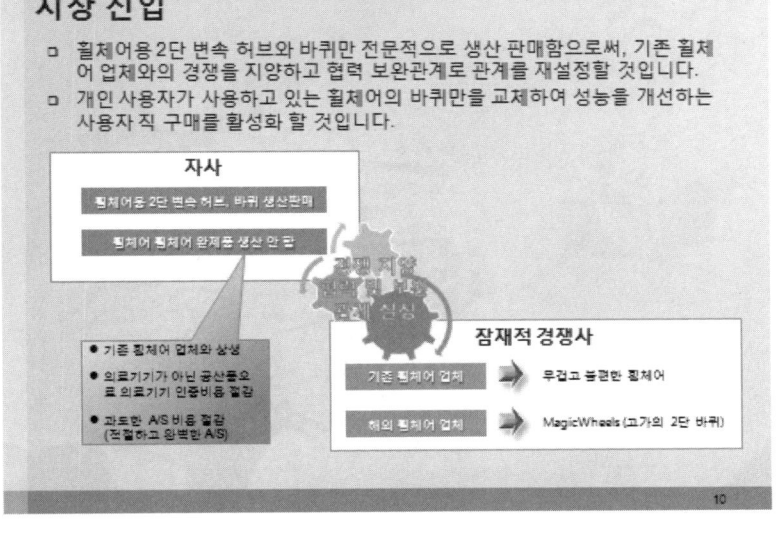

SWOT 분석

□ 2단 변속 허브는 시장의 요구에 부응하는 우수한 경쟁력을 보유하고 있으나, 마케팅 및 영업력이 부족하여, 이에 대한 보완과 사업의 조기 활성화를 위한 기존 휠체어 업체와의 제휴가 필요합니다.

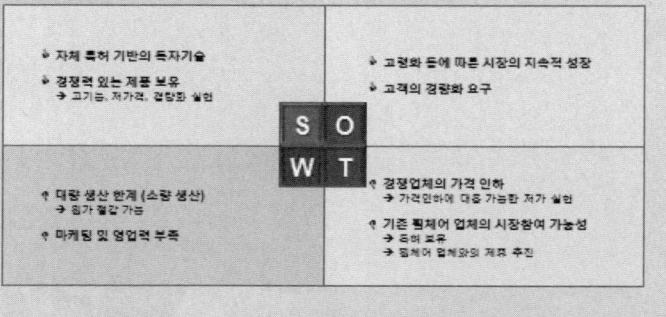

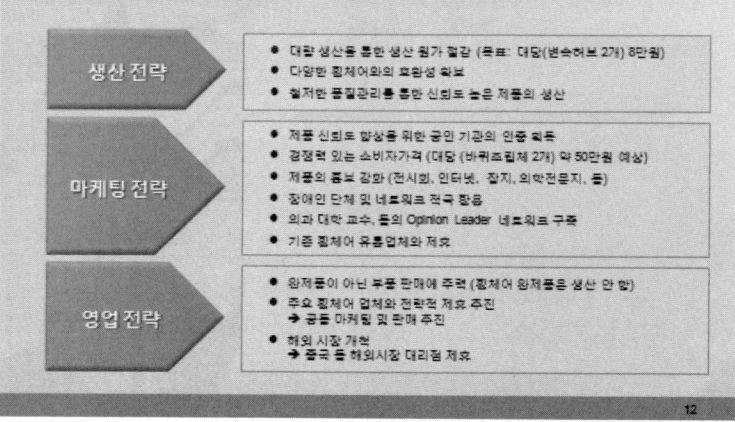

사업 계획

- 2011년 창업 이후, 점진적 시장공략을 통해 2016년 약 261억 원의 매출과 64억 원의 이익을 달성할 것입니다.

년도	창업 원년 2011년	진입기 2012년	2013년	성장기 2014년	2015년	안정기 2016년
자본금	500.0	-	-	-	-	-
차입금	500.0	-	- 500.0	-	-	-
매출	150.0	5,100.0	9,300.0	13,600.0	19,150.0	26,080.0
비용	1,049.8	4,374.0	7,249.0	10,958.0	14,751.0	19,671.0
손익	(899.8)	726.0	2,051.0	2,642.0	4,399.0	6,409.0
누적 손익	(899.8)	173.8	1,877.2	4,519.2	8,918.2	15,327.2
현금	100.2	826.2	2,377.2	5,019.2	9,418.2	15,827.2

단위 : 백만 원

13

초기 자금계획

- 자기자본 5천만 원과 투자유치 및 금융차입을 통해 총 10억 원의 창업원년 소요자금을 조달할 계획입니다.

단위: 백만 원

창업원년 소요자금 내역		
용도	구분	금액
합계		1,000
운영 자금	소 계	400
	인건비	120
	임대료 및 장비	20
	영업비	30
	현금 및 재고	230
시설 자금	소 계	600
	금형 및 테스트 장비	500
	사무기기	20
	운송장비	15
	기타	65

단위: 백만 원

조달 계획(안)	
조달방법	금액
합계	1,000
자기 자본	50
투자 유치	450
금융 차입	500

14

매출 계획

□ 변속허브, 바퀴 조립체, 보장구, 등의 판매를 통해 2016년 약 261억원의 매출 달성을 목표로 하고 있습니다.

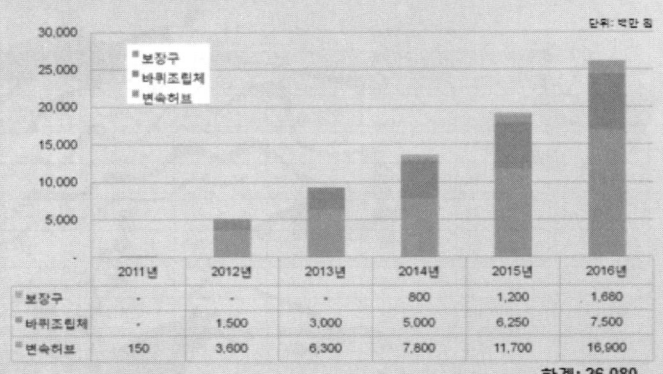

	2011년	2012년	2013년	2014년	2015년	2016년
보장구	-	-	-	800	1,200	1,680
바퀴조립체	-	1,500	3,000	5,000	6,250	7,500
변속허브	150	3,600	6,300	7,800	11,700	16,900

합계: 26,080

사업의 지속성

□ 2단 변속 허브는 전세계 휠체어 시장을 대상으로 하며, 보급형과 고급형의 단계적 출시와 지속적인 제품 개선과 신제품 개발을 통해 사업의 지속적 발전과 성장을 이루고자 합니다.

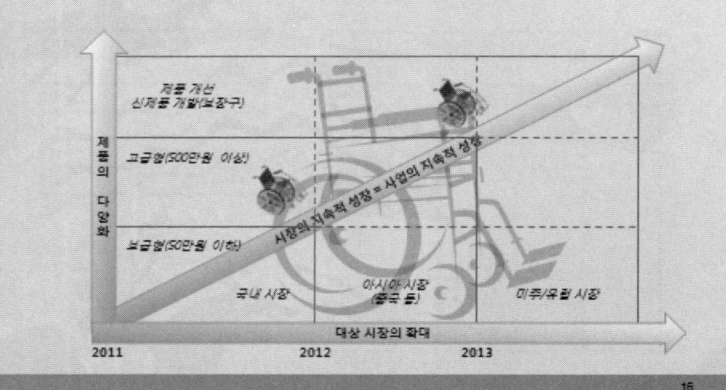

사업 조직

▫ 조직은 대표이사를 중심으로 3개 부문과 기술연구소로 구성되며, 경영자, 주
주, 직원대표, 장애인 관련단체장, 사회적 기업 전문가, 등으로 구성되는 운영
위원회를 구성하여 사회적 기업으로서의 기업 정신을 발전시켜 나아갈 것입
니다.

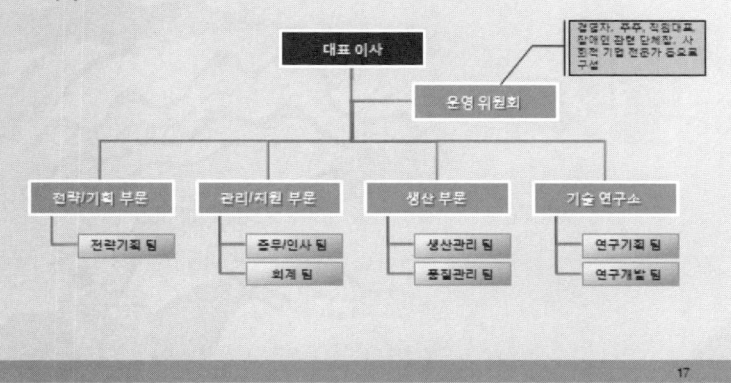

17

사회적 기업으로서의 기업운영

▫ 장애인과 소외계층을 위한 취업기회 확대 및 복지 개선을 위한 사회적 활동
을 적극적으로 지원함으로써, 사회적 기업으로서의 책무를 다할 것입니다.

▫ 사업의 수익은 기술 개발에 재투자와 취약계층의 취업 및 자활 지원, 제품의
무료 제공 등에 사용하여, 새로운 기업의 가치 창조 모델을 제시할 것입니다.

장애인 채용 확대

년도	2011년	2012년	2013년	2014년	2015년	2016년
총 직원 수	6	9	15	22	30	45
장애인 직원 수	2	3	5	7	11	18

▶ 국내외 대리점 대표 장애인 우대

장애인의 경영참여	소외계층 지원
▶ 주식 우선배정(전체 주식의 30% 이상)	▶ 장체어 기금 조성 및 무상 지원 확대
▶ 운영위원회 참여를 통한 회사 경영 참여	▶ 소외계층에 대한 지원 사업

18

감사합니다.

2단 변속 허브를 사용하는
휠체어 장애인의 삶이 훨훨 날아 오르기를 기대하며….

19

향후 손익 예상치 현금흐름 등 재무 계획

	2011	2012	2013	2014	2015	2016		
자본금	500,000,000							
금융차입	500,000,000		-500,000,000					
매출	150,000,000	5,100,000,000	9,300,000,000	13,600,000,000	19,150,000,000	26,080,000,000		
비용	1,049,788,000	4,373,964,000	7,248,940,000	10,937,912,000	14,750,880,000	19,670,820,000		
손익	-899,788,000	726,036,000	2,051,060,000	2,662,088,000	4,399,120,000	6,409,180,000		
누적손익	-899,788,000	-173,752,000	1,877,308,000	4,539,396,000	8,938,516,000	15,347,696,000		
현금	100,212,000	826,248,000	2,377,308,000	5,039,396,000	9,438,516,000	15,847,696,000		
매출성장율	0%	3400%	182%	146%	141%	136%	평균	151%
판매대수	1,000	24,000	42,000	60,000	90,000	130,000		
평균 판매가	150,000	150,000	150,000	130,000	130,000	130,000		
	150,000,000	3,600,000,000	6,300,000,000	7,800,000,000	11,700,000,000	16,900,000,000		
판매대수	-	5,000	10,000	20,000	25,000	30,000		
평균 판매가	-	300,000	300,000	250,000	250,000	250,000		
	-	1,500,000,000	3,000,000,000	5,000,000,000	6,250,000,000	7,500,000,000		
판매대수	-	-	-	1,000	1,500	2,100		
평균 판매가	-	-	-	800,000	800,000	800,000		
	-	-	-	800,000,000	1,200,000,000	1,680,000,000		
	150,000,000	5,100,000,000	9,300,000,000	13,600,000,000	19,150,000,000	26,080,000,000		

20

향후 손익 예상치 현금흐름 등 재무 계획

비용		6	9	15	22	30	45
인건비	인원	6	9	15	22	30	45
	평균월급	3,333,000	3,333,000	3,333,000	3,333,000	3,333,000	3,333,000
	월수	6	12	12	12	12	12
소계		119,833,000	359,964,000	599,940,000	879,912,000	1,199,830,000	1,799,820,000
사무실운영비	월세	800,000	6,000,000	6,000,000	6,000,000	10,000,000	10,000,000
	사무기기	20,000,000	12,000,000	12,000,000	36,000,000	36,000,000	48,000,000
	잡비	15,000,000	30,000,000	35,000,000	40,000,000	50,000,000	50,000,000
	영업비	30,000,000	60,000,000	70,000,000	80,000,000	100,000,000	100,000,000
소계		68,800,000	174,800,000	138,000,000	228,000,000	306,000,000	318,000,000
제조원가	2단변속허브	80,000	80,000	80,000	65,000	65,000	65,000
	바퀴조립체	-	200,000	200,000	170,000	170,000	170,000
	보장구	-	-	-	430,000	430,000	430,000
소계		80,000,000	2,020,000,000	5,380,000,000	7,730,000,000	10,745,000,000	14,453,000,000
소계	재고	200,000,000	200,000,000	200,000,000	200,000,000	200,000,000	200,000,000
		200,000,000	200,000,000	200,000,000	200,000,000	200,000,000	200,000,000
설비투자	제조/조립/운송	580,000,000	220,000,000	400,000,000	1,000,000,000	1,000,000,000	1,000,000,000
연구개발	시련기기/연구개발비		500,000,000	500,000,000	900,000,000	1,300,000,000	1,900,000,000
소계		580,000,000	720,000,000	900,000,000	1,900,000,000	2,300,000,000	2,900,000,000
공계		1,049,783,000	4,373,964,000	7,245,940,000	10,937,912,000	14,750,830,000	19,670,820,000
직접비		880,000,000	3,352,000,000	5,972,000,000	8,966,000,000	11,981,000,000	15,701,000,000
간접비		114,800,000	264,000,000	294,000,000	348,000,000	456,000,000	468,000,000

02 일반실용문

1. 계약서

: 일반 생활 속에서 가장 많이 사용하는 문서로 '계약서'가 있다. 계약
은 법률행위로 2인 이상이 의사표시를 함으로써 성립된다. 그 증거
가 '계약서'이다. 주의해야 할 사항은 다음과 같다.

■ 계약은 내용이 중요하다.
: 계약서의 형식은 문제되지 않으며, 계약 조건이 성립되면 정식 계약
으로 간주한다.
  인지를 첨부하지 않아도, 날인을 하지 않아도 마찬가지로 계약은 성
립된다.
■ 계약은 상대가 있다.

: 계약 당사자가 분명히 드러나야 계약이 성립된다.

■ 대금의 표시는 구체적으로 해야 한다.

: 보증금, 계약금, 중도금, 잔금 등은 액수와 지불 방법, 시기를 구체적으로 자세하게 표시해야 한다.

■ 계약이 끝나고도 한 번 더 돌아봐야 한다.

: 계약이 끝나고 특별 약속, 예외 조건 사항 등을 명확히 해야 한다.

■ 계약서문안사례

원룸임대(월세)계약서

본 부동산에 대하여 임대인과 임차인 쌍방은 합의에 의하여 다음과 같이 임대차계약을 체결한다.

1. 부동산의 표시

소재지					
토지	지목			면 적	m²
건물	구조		용 도	면 적	m²
임대할 부분					

2. 계약내용

제1조 위 부동산의 임대차계약에 있어 임차인은 보증금 및 차임을 아래와 같이 지불하기로 한다.

보 증 금	金	원정 (₩　　　　　)
계 약 금	金	**원정**은 계약시 지불하고 영수함.
중 도 금	金	**원정**은　년　월　일에 지불한다.
잔금	金	**원정**은　년　월　일에 지불한다.
차임	金	**원정**은 매월　일에(선불 , 후불)로 지불한다.

제2조 임대인은 위 부동산을 임대차 목적으로 사용 수익할 수 있는 상태
　　　로 하여　년　월　일까지 임차인에게 인도하며, 임대차기간은
　　　인도일로부터　년　월　일까지 (　)개월로 한다.

제3조 임차인은 임대인의 동의 없이 위 부동산의 용도나 구조를 변경하
　　　거나 전대 또는 담보제공을 하지 못하며 임대차목적 이외 용도에
　　　사용할 수 없다.

제4조 임차인이 2회 이상 차임 지급을 연체하거나, 제3조를 위반하였을
　　　경우 임대인은 본 계약을 해지할 수 있다.

제5조 임대차계약이 종료한 경우 임차인은 위 부동산을 원상으로 회복하
　　　여 임대인에게 반환하며, 임대인은 보증금을 임차인에게 반환한다.

제6조 임차인이 임대인에게 중도금(중도금이 없을 때는 잔금)을 지불하기
　　　전까지는 임대인은 계약금의 배액을 상환하고, 임차인은 계약금을
　　　포기하고 이 계약을 해제할 수 있다.

제7조 공인중개사는 계약 당사자간의 채무불이행에 대해서는 책임지지
　　　않는다. 또한 중개수수료는 본 계약의 체결과 동시에 임대인과 임
　　　차인 쌍방이 각각(환산가액의(　)%를) 지불하며, 공인중개사의
　　　고의나 과실 없이 계약당사자간의 사정으로 본 계약이 해제되어도
　　　중개수수료를 지급한다.

제8조 [공인중개사의 업무 및 부동산 거래신고에 관한 법]제25조3항의
규정에 의거 중개대상물 확인설명서를 작성하여 _____년____월
___일 공제증서사본을 첨부하여 거래당사자 쌍방에 교부한다.

〈특약사항〉

본 계약에 대하여 계약 당사자는 이의 없음을 확인하고 각자 서명 또
는 날인 후 임대인, 임차인, 공인중개사가 각 1통씩 보관한다.

년　　　월　　　일

매도인	주 소						印
	주민등록번호		전 화		성 명		
대리인	주민등록번호		전 화		성 명		印
매수인	주 소						印
	주민등록번호		전 화		성 명		
대리인	주민등록번호		전 화		성 명		印
공인중개사	사무소소재지						印
	등 록 번 호			사무소명칭			
	전 화 번 호			대표자성명			
공인중개사	사무소소재지						印
	등 록 번 호			사무소명칭			
	전 화 번 호			대표자성명			

2. 영수증과 차용증

(1) 영수증 : 채권자가 채무자에게 돈을 받았음을 증명하기 위해 써주는 증서. 형식은 정해져 있지 않다.
(2) 차용증 : 돈을 빌렸음을 증명하는 서류. 두 통을 작성 돈을 빌려준 사람과 빌린 사람이 각각 보관.

■ 필수 기입 사항
- 금액
- 영수, 차용 내역 : 무슨 돈인가 – 원금, 이자, 물품대금 등(영수)/차용금액, 변제 기일, 이자 유무, 이자의 이율 및 지급시가. 담보내용(차용)
- 영수, 차용인의 주소
- 영수, 차용인의 서명 날인과 상대방 표시
- 작성 년, 월, 일

■ 영수증 양식

영 수 증

일금 :   원 정(₩   )

상기 금액을 정히 영수하고 후일에 확실하게 하기 위하여 본 영수증을
작성하고 기명 날인합니다.

20   년   월   일

영수자 주소 :
성 명 :   (인)
                              귀하

금전 차용증서

일금   원정(단, 이자 월   할   푼)

　위의 금원을 채무자 ＿＿＿＿＿가 차용한 것은 틀림없습니다. 그러므로 이자는 매월 말일까지, 원금은 오는 20＿＿년 ＿＿월 ＿＿일까지 귀하에게 지참하여 반제하겠습니다. 만일 이자를 ＿＿월 이상 연체한 때에는 기한에 불구하고 언제든지 원리금 모두 청구하더라도 이의 없겠으며 또 청구에 대하여 채무자 ＿＿＿＿＿가 의무의 이행을 하지 않을 때에는 연대보증인 ＿＿＿＿＿가 대신 이행하여 귀하에게는 일체 손해를 끼치지 않겠습니다. 후일을 위하여 이 금전차용증서를 교부합니다.

20   년   월   일

채 무 자　　　성 명 :　　　　　　　　인
　　　　　　　주 소 :　　　　　　　　(전화 :　　　　　)
　　　　　　　주민등록번호 :

연대보증인　　　성 명 :　　　　　　　　인
　　　　　　　주 소 : (전화 :　　　)
　　　　　　　주민등록번호 :

채 권 자　　　성 명 :　　　　　　　　인
　　　　　　　주 소 : (전화 :　　　)

채권자 ○○○ 귀하

3. 인수증

■ 인수한 물건의 수량, 종류, 인수 문구, 인수인, 상대방의 표시 및 연, 월, 일 등을 자세히 기재

■ 인수증문안 사례

인 수 증

ㅇㅇㅇ컴퓨터 본체 1대
ㅇㅇㅇ컬러 모니터 1대
ㅇㅇㅇ키보드 1대
레이저 프린터 1대

위의 물품을 이상 없이 인수함.

20 년 월 일

ㅇㅇ산업(주)

대표 ㅇㅇㅇ (인)

ㅇㅇㅇㅇㅇㅇ(주) 귀중

서간문

1. 개념

- 편지글, 사적으로나 공적으로 일정한 상대에게 사연이나 용건을 전하고 싶을 때 쓰는 글 구분
- 사교적인 서간문, 실무적인 서간문

2. 유의 사항

- 마음을 전달하는 매체 : 보내는 사람의 생각을 수긍, 성의와 진실을 느낄 수 있도록
- 편지 받을 사람에 대한 사전 지식 필요

: 상대의 연령, 교양, 직업과 취미, 관심분야, 현재의 상황 고려

■ 쉬운 말로, 군소리 없이, 빠뜨리는 내용이 없도록 하자

3. 서간문의 종류

1) 친교적인 서간문

■ 안부문
 − 사적인 글로 친숙한 사이에서 주고받음
 − 건강상태, 소일 등 안부를 묻는 자체가 내용

■ 예문

> 아버님께 올립니다.
> 아버님, 가을의 문턱에 들어섰는지 약간 날씨가 서늘해졌습니다. 그동안에도 안녕하셨습니까. 동생 미선이도 학교에 잘 다니고 있을 줄로 압니다.
> 저는 부모님께서 염려해 주신 덕택으로 학교생활을 열심히 하고 있습니다. 저의 건강이 좋지 않아 늘 걱정하고 계실 줄로 압니다마는, 저번에 형님편에 보내주신 보약을 먹어서인지 한결 몸이 가볍고, 또 건강에 자신감이 생겼습니다. 요즈음은 아침에 일찍 일어나 약수터에 올라가 체조도 하고 산책도 하면서 체력을 다지고 있습니다. 이제 저의 건강에 대해서는 별 걱정을 안하셔도 될 것 같습니다. 일전에 우편으로 보내주신 옷은 잘 받았습니다. 잘 입겠습니다.
> 추수는 언제쯤이나 시작되는지 알고 싶습니다. 봄부터 한여름 내내 아버지와 어머니께서 고생하신 보람이 있어 풍작이 되었으면 좋겠습

니다. 추수기에 맞춰 연락을 주시면 내려가 일을 돕겠습니다. 시골에서 고생하시는 부모님의 얼굴이 떠오를 때마다 죄를 짓고 사는 듯싶어 더 열심히 공부를 해야지 하는 생각을 해보곤 합니다. 환절기에 아버지 어머니 건강 유념하십시오. 오늘은 이만 줄이겠습니다.

2010년 11월 3일

서울에서 민호 올림

■ 축하문
  - 출생, 생일, 결혼, 합격, 취직, 입학, 졸업, 당선, 승진, 개업, 이사, 신축 등
  - 연하장, 크리스마스카드
  - 주의! 마음에 없는 축하는 형식에 빠지기 쉽고, 부러운 마음 등이 너무 강하게 나타나면 도리어 결례가 되기 쉽다.

■ 위문문(慰問文)
  - 재난, 재해, 병환, 사망 등 예기치 않은 슬픔과 불행을 당한 상대 위로
  - 조위문 : 사망을 위로
  - 상대의 불행을 진심으로 공감하는 마음이 우러나는 글이 되도록 씀

■ 예문

멀리서 선친께서 별세하셨다는 소식을 접하고 크게 놀랐습니다. 연세는 많으셨으나 항상 건강하셨던 것으로 알고 있었는데 갑자기 부음

을 접하고서는 의아하기도 했습니다.

　지난 봄 형의 집에 놀러 갔을 때 손수 장작을 패시던 모습이 지금도 눈에 선합니다. 항상 자상하셔서 남보다 많은 자식들을 기르시면서도 그늘이 지지 않게 키우려고 늘 애쓰셨고, 또 주변 사람들에게도 항상 너그러우셨던 어른으로 사회적으로도 널리 존경을 받으셨던 것으로 알고 있습니다. 생전에 쌓은 신 덕망과 닦으신 인품으로 미루어 왕생극락하셔서 이제 저 세상에서 편히 안식을 취하고 계실 것으로 믿습니다.

　제가 이토록 망연자실할 정도이니 자식된 형의 슬픔은 오죽하시겠습니까? 그러나 슬픔을 잊고 건강하고 활기차게 사는 길이 아버님의 유훈을 그르치지 않는 길이라고 여겨집니다. 부디 몸과 마음을 잘 가누시기 바랍니다.

　멀리서나마 애도의 뜻을 올리면서 삼가 아버님의 영전에 머리 숙여 명복을 빕니다.

2011년 5월 11일

화성에서 이민호 올림

　추신 : 얼마 되지 않는 정성으로 애도의 뜻을 대신 표합니다.

■ 감사문과 사과문
　－감사문 : 상대방의 호의나 은혜에 감사를 드리고자 해서 쓰는 글
　－사과문 : 본인의 잘못이나 과실로 인해서 상대에게 정신적 물질적
　　피해를 입혔을 때 쓰는 글
　－두 글은 감사와 사과의 내용을 명료하게 제시

> 감사의 말씀을 올립니다.
>
> 신록이 짙어가는 계절에 가내 두루 평안하심을 기원합니다.
>
> 지난 10월 27일 소생의 차녀 인숙의 혼인시에는 공사다망하심에도 불구하고 따뜻한 축하와 각별하신 후의를 베풀어 주신데 대하여 충심으로 감사를 드립니다.
>
> 직접 찾아 뵈옵고 인사드림이 도리오나 우선 작은 글로 감사의 말씀을 올리게 됨을 혜량하여 주시기 바랍니다. 앞으로 귀댁의 애경사에 연락하여 주시어 정의를 나눌 수 있는 기회를 주시기 바라오며 내내 건강하시고 항상 댁내 행복과 영광이 충만하시기을 기원합니다.
>
> 2010연 11월 3일
>
> 이민호 올림

2) 실무적인 서간문

■ 통지문

- 회합, 상용, 이전, 시세, 부음 등에 대해 통지하고 보고하는 글
- 내용, 일시, 장소 등 정확히 기입, 필요시 약도, 도표 사용
- 회합, 이전 통지문 : 전화번호, FAX번호, 주소 등 명기
- 부고 : 운명(運命), 발인(發靷), 일시, 장지, 상주, 상자(喪子)

■ 예문

> **부고**
>
> 삼가 슬픔 소식을 아뢰고자 합니다.

저희 어머님께서 병석에 누우신지 1년여만에, 약석의 효험도 못 보시고 오늘 새벽 3 시 20분경 저희 집에서 세상을 뜨셨습니다.
　다음과 같이 장례의식이 있사오니 평소의 정의로서 어머님의 명복을 빌어 주시기 원 하옵니다.

-다　음-

발인 : 11월 5일 오전 6시
(발인장소)
장지 : 경기도 고양군 울대리
호상 : 김종문

2011년 5월 11일
生 김종삼의 장남 김종문
차남 김종복
딸　김종애 올림

■안내문과 초대문
　-여러 사람에게 공지하고 싶은 일
　-입학식, 졸업식, 전람회, 동창회, 개점, 주주총회, 학회 등 행사
　-초대문 : 특정 행사에 초대하고 싶은 사람에게 주최측이나 주최자
　　가 써서 보내는 글
　-행사의 목적, 일시, 장소, 연락처 등 명기
　-동창회, 학회 : 회비 유무, 금액, 참석여부 묻는 내용 추가

■의뢰문과 청탁문
　-의뢰문 : 상대방에게 뭔가 비리고자 하는 경우, 상업적인 거래를
　　위해 쓰는 글

－청탁문 : 취업 청탁, 취직 소개 등
－정중한 예의를 갖춰 신뢰와 호감을 얻도록, 의뢰나 청탁 배경과 사유, 외뢰 요건 등 기입

■ 주문문(注文文)
－상품, 서비스의 주문 신청 및 차량, 숙박 예약
－상품 주문 : 주문품의 종류, 등급, 수량, 대용품의 여부, 금액, 대금의 지불방법 등 기입
－예약 : 사람의 수, 도착 시간, 사용 일정, 책임자 등 기입

■ 조회문
－조사사항, 상대방의 희망조건, 법이나 관례에 대한 유권해석 등 문의하고 그 대답을 요망하는 글
－회신을 받도록 해야 하기 때문에 정중히 목적과 이유를 밝혀 문의 사항 명기

4. 서간문의 일반적 형식

1) 서두

■ 기필(起筆)
－편지 받을 사람 호칭
－자기와의 관계 고려 이름, 성 칭호를 붙여 부른다.
　예 : '아버님께 올립니다', '아우 보아라', '친구 ○○에게'

■ 시후(時候)

　－계절 인사

　－내용 : 계절과 날씨 등 자연의 변화, 세시풍속 등

　　예 : '온 대지가 잠에서 깨는 듯 파릇파릇 나뭇가지에 새순이 돋는 봄길에 상춘
　　의 인파가 줄을 잇기 시작합니다', '산들바람이 온 몸을 감싸고 흐르니 늘
　　가을 같던 선배님의 얼굴이 떠오릅니다.'

■ 안부

　－상대방의 근황과 안부 물음

　　예 : '뵙지 못한 그간에도 건강하시고 또 하시는 사업도 잘 되시는지요', '수술
　　을 하셨다고 전해 들었는데, 경과는 어떠신지요.'

■ 자기 안부

　－편지 보내는 사람의 현재 상황, 건강 상태 등

■ 치사(致謝)

　－상대로부터 받은 도움, 은혜에 관해서 치하하고 감사하는 마음 전달

2) 본문

　－편지를 쓰게 된 목적

　－내용 : 목적에 따라 축하, 위문, 감사, 사과, 통지, 안내, 초대, 주문,
　　의뢰, 조회 등

3) 결미

■ 축원과 결사(結詞)

　　예 : '다음에 만나뵈올 때까지 건강하시기를 빌면서 이만 줄입니다', '다시 한번

쾌차를 빌면서 오늘은 이만 줄이네.'

■ 연월일 및 서명
  -서명 : 이름만 쓰는 경우, 또는 '서울에서' '광주에서' '소자 ○○',
    '제자 ○○', '친구 ○○'하고 올림이나 씀 등의 말을 덧붙임

■ 추신
  -빠뜨린 내용, 새로 생각난 일 등 거듭 확인, 강조 하고 싶은 내용
    첨기
  -영어 postscrip의 약자 P.S를 쓰기도

5. 봉투의 형식

-현재 사용되는 봉투 양식 따름
-추기하는 경우 : 사진, 증명 등 함께 넣을 경우에 '○○同封', '○○在
  中'이라고 왼쪽 여백에 적음, 비밀을 요하는 경우 '親見'.
-本第入納 : 자식이 부모님께 보내는 편지일 때는 대개 부모님의 성함
  을 쓰는 것을 무례로 여겨 본인의 이름 뒤에 씀
-本家入納 : 시집간 여식이 친정부모님께 편지를 보내는 경우 본인의
  이름 뒤에

■ 그외 : 座下, 貴下, 女史, 貴中, 先生, 親友, 氏, 兄, 君, 孃

■ 서간문 연습 : 스승, 부모님 등 윗사람에게 올리는 서간문 쓰기

4부
생활 · 언어 · 문장

::::

    생활하면서 알고 있어야 할 한자를 몰라 당황했거나, 호칭이나 지칭 때문에 실수한 경우가 종종 있다. 이번 장에서는 기본적으로 갖추어야 할 생활한자와 언어예절에 대해 살펴보았다. 더불어 외국어로 오염돼 있는 우리말을 잘 구사하여 글을 잘 쓰기 위해 문장다듬기를 어떻게 해야 할지 원칙을 만들어 보았다.

1. 부조문(扶助文)

1) 結婚

: 결혼을 축하하는 뜻으로 선물이나 돈을 보내게 되는데, 축하금을 보낼 때는 깨끗한 백지에 단자(축하문)를 써서 함께 보내는 것이 예의

■ 결혼 부조문의 봉투에 써넣는 글귀

'祝 結婚', '祝 華婚', '祝 成婚'

2) 回甲

: 회갑연에 부조금을 헌정할 경우 그 봉투에 써넣는 문구

祝 壽筵, 祝 禧筵, 祝 壽宴, 祝 壽儀

3) 喪事

: 喪家 弔意를 표하는 뜻으로 일정액의 金錢을 헌정할 경우, 그 봉투에
다음과 같이 쓴다.

賻儀, 謹弔, 奠儀, 弔賻

2. 연령을 나타내는 한자어

1) 志學

: 공자가 '논어'에서, 15세가 되어 학문에 뜻을 두었다고 한 데서 나
온 말. 15세를 일컬음

2) 弱冠

: 남자 나이 20세를 일컬음

3) 而立

: 공자가 '논어'에서, 30세가 되어 인생관이 섰다고 한 데서 나온 말
30세를 일컬음

4) 不惑

: 공자가. '논어'에서, 40세가 되어 세상일에 미혹하지 않았다고 한 데
서 나온 말.

6) 知命

: 공자가 '논어'에서, 50세가 되어 천명을 알았다고 한 데서 나온 말

7) 耳順

: 공자가 '논어'에서, 60세가 되어서는 천지만물의 이치에 통달하였으므로 어떤 일을 들어도 다 이해 하였다한 데서 나온 말

8) 華甲

: 華자는 十이 여섯 개에다 一이 하나 있으므로 61세를 나타내며, 回甲, 還甲이라고도 함

9) 進甲

: 환갑보다 한 해 더 나아간 해라는 뜻이다. 62세를 일컬음

10) 古稀

: 두보가 지은 곡강시의 한 구절인 '인생 칠십, 고래희'에서 나온 말

11) 從心

: 공자가 '논어'에서, 70세가 되어 뜻대로 행하여도 도에 어긋나지 않았다고 한 데서 나온 말

12) 喜壽

: 喜자를 초서체로 세로로 쓰면 七一七로 보이기 때문에 희수는 七 十

七세 즉 77세를 일컬음

13) 傘壽

: 傘를 파자하면 八十로도 썼기 때문에 산수는 八＋十세, 즉 80세를 일
컬음

14) 米壽

: 米자를 분해하면 八＋八이 되기 때문에 미수는 88세를 일컬음

15) 卒壽

: 卒의 약자를 九十이라고 썼기 때문에 졸수는 九十세

16) 白壽

: 百에서 一을 빼면 白, 즉 百에서 하나를 빼면 99세가 된다

3. 애경사 봉투 쓰기

1) 氏

: 나이나 지위가 비슷한 사람에게 존경의 뜻으로

2) 貴中

: 단체에 쓸 때

3) 女史

 : 일반 부인에게 쓸 때

4) 大兄, 仁兄, 雅兄

 : 남자끼리 친하고 정다운 벗을 높여 쓸 때

5) 座下

 : 마땅히 공경해야 할 어른(조부모, 부모, 선배, 선생)에게 쓸 때 /특히 여
  성의 경우 玉下

6) 先生

 : 은사나 사회적으로 이름난 분에게 쓸 때

7) 貴下

 : 상대방을 높여 쓸 때

8) 君, 兄

 : 친한 친구에게 쓸 때

9) 孃

 : 처녀로서 동년배 혹은 아랫사람에게 쓸 때

10) 展

　　: 손아랫사람에게 쓸 때

11) 그 외

　　祝 合格, 祝 入學, 祝 卒業,

　　祝 優勝, 祝 入選, 祝 發展, 祝 開業

　　祝 榮轉, 祝 當選, 祝 生辰

4. 天干, 地支 및 六十甲子

1) 天干

　　: 六十甲子의 윗 단위를 이루는 요소로, 열 가지가 있으며, 합해서 十干
　　이라 한다
　　①甲 ②乙 ③丙 ④丁 ⑤戊 ⑥己 ⑦庚 ⑧辛 ⑨壬 ⑩癸

2) 地支

　　: 육십 갑자의 아랫 단위를 이루는 요소로, 열두 가지가 있으며, 합해
　　서 十二支라 한다
　　①子-쥐 ②丑-소 ③寅-범 ④卯-토끼 ⑤辰-용 ⑥巳-뱀 ⑦午-말
　　⑧未-양 ⑨申-원숭이 ⑩酉-닭 ⑪戌-개 ⑫亥-돼지

5. 지방(紙榜) 쓰는 법

1) 쓰는 방식

　－깨끗한 백지에 먹으로 쓴다

　－길이 22cm, 폭 6cm

　－사용하고 태운다

　－남자는 좌측, 여자는 우측

2) 지방에 쓰는 말

　－考 : 돌아가신 아버지를 가리킨다

　　　　생전에는 父

　－妣 : 돌아가신 어머니를 가리킨다

　　　　생전에는 母

　－顯 : 고인을 높이는 뜻

　　　　아랫사람일 경우 亡

　－學生 : 벼슬이 없는 남자를 일컬음

　　　　　관직이 있을 때는 관직명을 씀

　－孺人 : 벼슬 없는 남편의 여자를 일컬음

　　　　　남편이 벼슬하면 관직에 따라 호칭

　－府君 : 남자의 존칭

　－神位 : 신령이 깃드는 자리

　　＊지방 쓸 때 府君이나 氏 다음에 한 칸 정도 띄워 神位를 씀.

3) 지방문의 실례

〈고조부모〉

顯高祖考學生府君神位　顯高祖妣孺人金海金氏神位　현고조고학생부군신위　현고조비유인김해김씨신위

〈증조부모〉

顯曾祖考學生府君神位　顯曾祖妣孺人金海金氏神位　현증조고학생부군신위　현증조비유인김해김씨신위

〈조부모〉

顯祖考學生府君神位　顯祖妣孺人金海金氏神位　현조고학생부군신위　현조비유인김해김씨신위

〈부모〉

顯考學生府君神位　顯妣孺人金海金氏神位　현고학생부군신위　현비유인김해김씨신위

〈남편〉

亡室孺人金海金氏神位

망실유인김해김씨신위

〈아내〉

顯辟學生府君神位

현벽학생부군신위

〈형〉

顯兄學生府君神位

현형학생부군신위

〈형수〉

顯兄嫂孺人金海金氏神位

현형수유인김해김씨신위

언어예절

1. 언어 예절의 중요성

> "어머님, 애가 땡강 부리면 좀 혼내 주세요."
> "아이고, 우리 사장님은 정말 무데뽀예요."
> "선생님, 이빨이 아프세요?"
> "언니, 이거 짜가잖아?"
> "엄마 때문에 학교에서 쪽팔려서 혼났어."
> "어때요? 함 커피 하실래요?"

2. 호칭어와 지칭어

─호칭어 : 직접 대상을 부르는 말
─지칭어 : 그 대상을 다른 이에게 가리켜말하는 것

1) 가정에서

■부모
[1] "여보, 저희 친정 엄마는요, 일일연속극이 그렇게 재미있으시대요."
[2] 출연자 : "아빠가 무어무어라고 하세요."
　　사회자 : "가만, 지금 아빠는 남편을 말씀하시는 거죠?"
　　출연자 : "아니요, 저의 아빠요."
　　사회자 : "예, 요즘 하도 남편을 아빠라고 하는 사람이 많아서요."
　　출연자 : "죄송합니다. 이제 시집갔으니까 아버님이라고 해야 하는데……."
[3] "사장님, 오는 토요일이 선친의 고희 잔치여서 고향에 좀 다녀오겠습니다."

■자녀
"우리 김 박사가 이 약을 좋다고 먹으래."

■시부모
: 박미선 씨는 시어머니를 여의고 홀로 사시는 시아버지께 친밀히 대해드리고 싶어 "아버지, 오늘 계모임 가세요?"처럼 '아버지'라고 부른다. 가끔 잘못이라고 일러주는 사람들도 있지만 크게 개의치 않는다.

■ 며느리

: 전원주 씨는 시어머니가 평소에는 '아가'하고 부르시다가도 가끔 언
짢으실 때면 "얘가 왜 이러니, 우유도 제대로 못 먹여?"처럼 '애'라
고 불러 자존심이 상한다.

　-며느리를 부르는 말 : 아가, 새아가, ○○ 어미(어멈), 얘(불쾌감이 들
　　수도 있다)

　-며느리를 부모와 배우자에게 가리켜 말할 때 : 며늘애(며느리×) 새
　　아가, ○○ 댁, ○○ 처

　-사돈에게 : 며늘애, ○○ 어미

　-타인에게 : 우리 며느리가

■ 처부모

　[1] 박명수 씨는 '장인어른'이라는 말은 왠지 거부감이 들어 절대로
　　안 쓴다. 내심 그는 자기가 쓰고 있는 '아버님'이라는 호칭도 불
　　만이다. 이왕이면 '아버지, 바둑 한 수 어떠세요?"처럼 '아버지'
　　라고 부르는 것이 훨씬 친근해서 낫겠다는 생각이다.

　[2] 이경실 씨는 남편이 친정 부모를 가리켜 "당신 아버지 어머니
　　……."이라고 말해서 섭섭했다. 남편이 자기 부모에게 거리감을
　　두고 있다는 느낌을 받았던 것이다.

■ 장인 : 장인 어른 , 아버님

　● 장모 : 장모님, 어머님

　　*아버지, 어머니라 부르는 것은 잘못

　　*빙장 어른, 빙모님 : 남의 처부모를 높여 부르는 말

　　*당신 아버지, 당신 어머니는 삼가

■ 사위

"명수야, 이번에 승진했다며? 대견하네." 박명수 씨의 장인은 사위를
부를 때 이름을 부른다.

－사위 : ○서방, 여보게

  *이름 부르는 것은 옳지 않음

■ 남편

[1] "아빠, 일찍 들어오세요." 류 대리가 출근길마다 듣는 이 말은
    딸이 하는 말이 아니라 아내가 하는 말이다.

[2] "(시부모에게) 재석 씨가요. 이번에 봉급이 깎였어요." 아직 신혼
    이라 아이가 없는 신봉선 씨는 시부모에게 말할 때 남편의 이름
    을 부른다. 어떤 사람은 '걔'라고 불러야 한다고 하지만 도저히
    그럴 수는 없어 이름을 부르는 실정이다.

■ 남편 : 여보, ○○씨, 여봐요

  *자기, 오빠, 아저씨 금물

  *아빠 : 일본식 어법

  *[2]처럼 시부모 앞에서 신혼초라도 '○○씨'라 불러서는 안됨 :
   '걔', 아비, 아범, 이이, 그이, 저이

■ 아내

[1] "자기야, 밥 줘."

[2] "우리 와이프는 말이야, 아직도 날보고 오빠라고 해."

[3] "어머니, 집사람이 며칠 친정에 좀 갔으면 하는데요."

—아내 : ○○ 씨, 여봐요

*○○야, 야, 이봐, 자기, 와이프는 안됨

—부모에게 가리켜 말할 때 : ○○ 어미(어멈)

*○○ 엄마, 집사람, 안사람, 처, 개

■ 형과 그 아내

　형은→형(님)

　형의 아내는→아주머님, 형수님

■ 남동생과 그 아내(남자의 경우)

　남동생은→○○[이름], 아우, 동생

　그 아내는→제수씨(弟嫂氏), 계수씨(季嫂氏)

■ 누나와 그 남편

　누나를 부르는 말→누나, 누님

　그 남편은→매부, 매형, 자형

　*매부는 여동생의 남편도 해당

■ 여동생과 그 남편(남자의 경우)

　여동생은→○○(이름), 동생

　그 남편은→매부, ○서방

■ 남편의 형과 그 배우자

　예) 신봉선 씨는 손위 동서가 자기보다 나이가 어리다. 그런데 만날 때마다 저
　　를 '형님'으로 부르라고 해서 기분이 좋지 않다.

- 남편의 형은→아주버님
- 그 아내는→형님

■ 남편의 아우와 그 배우자

　예1) 텔레비전 드라마에서 시동생을 삼촌이라 부르고 시누이를 고모로 호칭하는
　　　대사를 종종 들을 수 있다. 그러면 자신의 삼촌과 어떻게 부르는지 참으로
　　　궁금하더군요
　예2) 김신영 씨는 손위 동서가 나이가 어리다. 결혼한 지 10년이 넘도록 꼬박꼬
　　　박 형님이라고 부르고 존대를 해 주었다. 그런데 정말 화나는 것은 그 손
　　　위 동서가 자기에게 하대까지 하려 든다는 점이다.

- 남편의 아우

　미혼인 경우→도련님

　기혼인 경우→서방님

- 아우가 여럿일 때

　○째 도련님, ○째 서방님

　그 아내는→동서

　예1) 삼촌, 고모, 큰엄마 등의 간접호칭(x)
　예2) 하대 안됨

■ 남편의 누나와 그 배우자

　예) 김신영 씨는 손위 시누이의 남편을 만날 때마다 답답하다. 도대체 무어라
　　　불러야 할지 모르기 때문이다. 그쪽은 "처남댁, 처남댁" 하면서 말도 잘 거
　　　는데 말이다.

- 남편의 누나

　－형님

그 남편(시누이의 남편)→아주버님, 서방님

*원래 시누이의 남편은 내외하는 관계

- 남편의 누이동생과 그 배우자

  예) 주부 신봉선 씨는 아직도 남편의 여동생을 어떻게 불러야 할지 늘 난감하다. 이제 갓 10살이 된 아이에게 '아가씨'라고 하자니 좀처럼 입이 떨어지지 않는 것이다.

  ─예법이므로 따라야 한다. '아가씨'라고!

  ─그 배우자(손아래 시누이의 남편)는 '서방님'

■ 아내의 남자 동기와 그 배우자

  예) 박미선 씨는 어디선가 들은 대로 손위 처남의 부인을 '처남의 댁'이라고 불렀다가 사람들의 눈총을 받았다. 그렇다고 '준이 엄마'라고 하자니 이상하고…….

  ─아내의 오빠→자기보다 나이 많으면 '형님', 적으면 '처남'

  ─아내의 남동생→'처남'

  *손아래 처남이 나이가 많을 때→그래도 '처남'

  ─처남의 택→호칭 '아주머니', 지칭 '처남의 댁'

■ 아내의 여자 동기와 그 배우자

  예) 이순재의 둘째 사위 장동건은 윗동서보다 나이가 두 살이나 많다. 그런데도 윗동서는 "장 서방, 장 서방" 하고 부르면서 '형님'으로 불러야 한다고 주장한다.

  ─아내의 언니→'처형', 아내의 여동생/'처제'

  ─손윗 동서→'형님', 나이 적을 때 '동서'

■ 숙질 사이

－아버지의 형→큰아버지

－아버지 형의 아내→큰어머니

－아버지의 남동생→결혼 전 '삼촌, 아저씨', 결혼후 '작은 아버지'

－아버지의 누이→'고모, 아주머니', 그 배우자는 '고모부, 아저씨'

－어머니의 자매→'이모, 아주머니', 그 배우자는 '이모부, 아저씨'

－어머니의 남자 형제→'외삼촌, 아저씨', 그 배우자는 '외숙모, 아주
  머니'

2) 직장과 사회에서

■ 직장 사람들

－직함이 없는 동료끼리

  남녀 불문 'OOO씨', 나이 많을 때 'O선배(님)

  학교, 연구원 '선생님', 'O선생(님)'

－남자 직원이 남자 직원을 부를 경우

  'O형' *그냥 '형', 'OO형'은 금물

－여직원이 여직원을 부를 때

  '언니', 'OO언니' * 'O언니', '미스 O언니'는 잘못

■ 직함이 없는 선배, 나이 많은 동료

'선배님, 선생님, O선생님, OOO선배님'

－나이 지긋한 여사원 'O여사', 'OOO여사'

－상사가 직함없는 아랫사람을 부를 경우

  'OOO씨', 나이 많은 경우 'O선생(님), OOO선생(님)'

나이가 아주 어린 직원은 '○군, ○양'
　* '○○야', '○씨'는 금물

■ 타인
　－ 친구의 아내
　'아주머니, ○○ 씨, ○○ 어머니, 부인, ○ 과장(님)
　*제수씨, 계수씨, 자네 와이프는 잘못된 호칭
　－ 친구의 남편
　'○○씨', '○○아버지' '(○)과장님', '(○)선생님'
　－ 직장 상사의 아내
　'사모님'

■ 직장 상사의 남편
　'(○)선생님, (○○○)선생님'
　－ 직장 동료 및 아랫사람의 아내
　'아주머니(님), '부인'
　－ 직장 동료 및 아랫사람의 남편
　'(○)선생님, (○○○)선생님'
　－ 식당 등 영업소의 종업원을 부를 경우
　'아저씨, 젊은이, 총각', '아주머니, 아가씨'
　'여보세요' * '아줌마', '어이, 이봐'는 금물.

2. 경어법

1) 가정에서

- 올바른 경어법을 위해서 어휘를 잘 선택

- 용언(동사, 형용사)에 '-시'를 쓰는 경우

  - 할머니가 오셨다가 가셨다

  - 할머니가 책을 읽으시고 계시다

  예) 초등학생인 딸아이가 학교에서 오더니 "나 오늘 선생님께 야단 맞았어"라고
  하는 것이었다. 평소에는 별 생각 없이 들었는데 어딘가 어감이 좋지 않았다.
  *야단→꾸중, 꾸지람

- 존댓말을 가려 쓰자

  생일/생신, 밥/진지, 나이/연세, 이빨/이/치아, 술/약주. 집/댁, 병/병환,
  나/저, 아프다/편찮다, 먹다/잡숫다, 있다/계시다, 자다/주무시다, 묻
  다/여쭙다, 말하다/아뢰다

  예) 자기보다 윗사람은 언제 어디서든지 높여 말한다고 들었다. 그런데 시조부
  께 시아버지에 대해서 말씀드릴 때는 낮추어 말하기가 좀 껄끄럽다.
  "할아버지, 아버지가 진지 잡수시라고 하였습니다."
  "할아버지, 아버지가 진지 잡수시라고 하셨습니다."(허용)
  다른 사람에게 부모를 말할 때
  "저희(우리) 아버지께서 이렇게 말씀하셨습니다."

  *압존법(壓尊法) : 문장의 주체가 화자보다 높지만 청자보다는 낮아 그 주체를
  높이지 못하는 어법

  예) 한번은 남편 회사의 상사가 전화하였는데 마침 남편이 집에 없었다. 그런데
  "지금 집에 안계십니다"라고 해야 하는지, "지금 집에 없습니다"라고 해야
  하는지 난처했다.

■ 남편을 가족 이외의 사람에게 말할 때
　－상대방이 확인 되지 않으면 '－시'를 넣고
　－상대방이 확인 되지 않으면 '－시'를 피한다.

2) 직장에서

■ 직장에서 동료, 아랫사람, 윗사람에 관하여 말할 때 서술어에 '－시'를 넣을 것이지 넣지 않을 것인지는 듣는 사람이 누구인가에 따라 결정된다.
　동료에 관해서 말할 때는 누구에게 말하는가에 관계없이 '－시'를 넣지 않는다.
　－"박영희 씨, 김 과장 어디 갔어요?"

　예) 부장님이 나에게 과장님이 어디 가셨는지 물었다. "은행에 갔습니다."라고 해야 할지, "은행에 가셨습니다"라고 해야 할지 곤란했다. 부장님보다 과장님이 아랫사람이니 '-시'를 넣지 말아야 할 것도 같았으나, 그래도 내 윗사람인 과장님에 대해서 '갔습니다'라고 말하자니 꺼림칙했다.

■ 윗사람에 관해서 말할 때는 듣는 사람이 누구이든지 '－시'를 넣어 말하는 것이 원칙
　"(평사원이)사장님, 이 과장은 은행에 갔습니다."
　→일본식 어법

3. 인사말

　예) "좋은 아침!"
　　☞ 외국어를 직역한 말로 오히려 상대방에게 거부감을 줄 수 있다.

예) 직장에서 퇴근하면서 윗사람에게 "수고하십시오", "먼저 실례합니다."
　　☞ "먼저 (나)가겠습니다.", "내일 뵙겠습니다."

예) (환갑, 고희 잔치 때) "오래 사십시오", "만수무강하십시오", "건강하십시오"
　　☞ "더욱 건강하시기 바랍니다."

예) 문병을 가게 될 경우
　　☞ "좀 어떠십니까?", "얼마나 고생이 되십니까?", "불행 중 다행입니다"

03
문장다듬기 8가지 원칙

하나의 문장은 포도나무와 같다. 그러므로 문장이 온전치 못하다는 것은 포도나무가 썩는 것과 같다. 문장을 사용할 때 독자를 배려해야 한다. 그리고 우리가 평소 문장을 쓸 때 자기 확신을 갖고 있었는지 생각해보자. 겸손하기보다는 비주체적이었으며, 자기 확신보다는 남에게 의존하기 일쑤였다. 겸손과 자기확신보다는 현명함이 필요하다.

1. 풀어써라

우리말이 첨가어라는 소리는 들어봤을 것이다. 또 영어가 굴절어라는 말도 들어 봤을 것이다. 어렵다면 한 없이 어려운 이야기지만, 간단히 말한다면, 단어에 조사를 붙여(첨가) 쓰는 것이 우리말이고, 단어 자체를 변형(굴절)시켜 쓰는 것이 영어다. 요즘에 영어식으로 문장을 쓰다보니 명사형을 자주 사용하고 있다. 그렇게 되면 다음과 같이 말은 압축된다.

1-1 "인성 부재가 가장 먼저 지적되는 큰 문제점이다." 이 말을 풀어쓰면 다음과 같다. "인성이 없는 것을 가장 큰 문제점으로 지적하고 있다." 이렇게 풀어 쓰려면 관형사형 어미를 줄이고 우리말에 다양한 변화를 주어야 한다.

1-2 "내게 아직 <u>많은</u> 사랑이 남아 있습니다." 누군가에게 보내는 우리의 사랑이 이렇게 어색해서야 될까? 사랑 앞에 꾸미는 말이 있는 것은 왠지 불편하다. 사랑을 무슨 말로 꾸밀 수 있을까? '많은'이라는 말만 붙여서 그렇지 더 붙이면 어떨까? '많은 아름다운 고귀한…….' 이런 어법은 '앙 선생님'이 주로 사용하는 것이 아닌가? '앙 선생님'이 누구지? 패션 디자이너 그 분. 그 분을 비난할 생각은 없다. 그러나 틀림없이 외국어 어법 때문에 어색하게 우리말을 사용하는 경우다. 절대 '사랑(체언)'을 많은 말로 꾸미지 맙시다. "내게 아직 사랑이 많이 남아 있습니다." 하면 간단하지 않을까?

1-3 좀 더 긴 문장의 예를 들어 보자. "대학에 <u>대한</u> 전통적 정의의 하나인 '대학은 공부하는 사람들의 조합이다.'가 교육학적으로 <u>정확한</u> 정의일 수 있는가에 대해 <u>제기된</u> 많은 비판이 있었다." 미국 유학파들이 특히 '피바디 대학' 박사님들이 영어 복문에 익숙하다보니 우리말도 이렇게 쓰는 경우가 많이 있다. 듣다보면 도대체 무슨 말을 하는지 종잡을 수 없게 돼버

리고 만다. 짧게 끊어 풀어 쓰면 해결될 문제다. "전통적으로 '대학은 공부하는 사람들의 조합이다.'라고 정의하고 있는데, 이것이 교육학적으로 정확한지에 대해 많은 비판이 제기되고 있었다."

1-4 초근목피하던 지난날 우리 백성이 보릿고개에 먹을 것이 떨어졌을 때 소나무 껍질을 벗겨 밥을 지어 먹거나, 무우를 삶아 밥을 해 먹었다. 매일 소나무껍질(생키밥)을 먹으면서, "먹음으로 인하여, 먹음에도 불구하고, 먹음에 의해, 먹음과 동시에, 먹음을 이유로, 먹음을 가정하고, 먹음을 조건으로, 먹음을 전제로, 먹기 위해서" 이렇게 쓰면 체하지 않을까? 우리말 모양이 아니기 때문이다. '먹어서, 먹어도, 먹으니까, 먹자마자, 먹는다해서, 먹는다해도, 먹는다손치더라도, 먹으면, 먹으려고'와 같이 자연스럽고 다양하게 써야 한다. 이처럼 우리말은 기본 용언 하나에 활용할 수 있는 어미를 많이 가지고 있다. 그만큼 표현에 있어 섬세하다. 그 섬세함을 죽여서야 쓰는가?

1-5 그래서 "진리 안에서 <u>자유함</u>을 결심해야 한다"고 해서도 "자유 있음에 나는 행복합니다" 해서도 안된다. "진리 안에서 자유롭게 살 것을 결심해야" 하고, "자유가 있어서 나는 행복하다" 고백해야 한다. 이처럼 아무데나 'ㅁ'을 붙여 명사절을 만들어 쓰는 경우가 있다. "다윗은 골리앗을 물리칠 수 있는 <u>지혜로움</u>이 있었습니다." 결코 지혜롭지 못한 이 문장은 다음과 같이 고쳐야 한다. 방법은 부사형을 사용하는 것이다. "다윗은 지혜롭게 골리앗을 물리쳤습니다."

1-6 "고난이 물밀 듯 <u>밀어닥침에도 불구하고</u> 야철대장을 비롯한 다물군

은 오직 주몽만을 따르기로 했습니다. 그들은 백성이 주인 되는 나라를 이 세상에 만들기 위해 나아가고 또 나아갔습니다. 모든 것은 주몽의 통치권에 의해 이루어지는 것이기 때문입니다." 이 문장은 영어나 일어를 직역한 것이나 마찬가지다. 'in spite of', 'for', 'by'와 같은 영어 관용어구를 달달 외웠기 때문에 낯설지 않지만 이런 말을 계속 쓰다보면 우리말로 생각 한번 제대로 표현하지 못하게 되는 불행은 어찌해야 할지 걱정이 된다. 풀어 쓰자. 그 방법밖엔 없다. "고난이 물밀 듯 밀어닥쳐도 야철대장을 비롯한 다물군은 오직 주몽만을 따르기로 했습니다. 그들은 백성이 주인 되는 나라를 이 세상에 만들려고 나아가고 또 나아갔습니다. 모든 것은 주몽이 가진 통치권으로 이루어지는 것이기 때문입니다."

1-7 우리말을 장식처럼 쓰는 경우를 더 살펴보자. 한자어나 일본어를 도를 넘어 사용하는 경우 그러한 일이 벌어진다. "개강시 신입생환영회에 전념하자. 학회가입 폭발 모임 개최." 이런 말들이 학교 벽면을 감싸고 있다고 생각하자. 우리말을 줄여 쓸 생각으로 한자어로 압축하다 보니 말뜻을 제대로 전달하지 못한다. "개강 때 신입생환영을 열심히 하자."하면 될 것이다. 더불어 '학회가입'은 왜 '폭발'하는가? 글잣수 몇 개 줄여서 득볼 생각 말고 풀어쓰자. "널리 가입하도록 모임을 개최합니다." 이런 말도 들어 보았을 것이다. "발명에로의 초대, 신입생에서의 도전." 할 때, 우리말은 겨우 조사나 어미 정도만 쓰였을 뿐이다. 이것은 일본말의 흔적이다. 다음과 같이 풀어 쓰자. "발명으로 가는 길로 초대하기, 신입생에게 주어진 도전."

2. 생명 있는 것을 앞세워라

이 세상에 생명을 가장 소중히 여기는 말이 있다면 그것은 우리말인 것 같다. 왜냐하면 항시 생명을 가진 것이 주어가 되기 때문이다. 그러나 영어는 그렇지 않다. 모든 사물이 문장의 주체가 될 수 있다. 그것이 평등한 사유처럼 보인다면 할 말은 없다. 그러나 오히려 생명 있는 것들이 사물에 종속되기 때문에 문제가 된다. 서양 문화가 그런 것이 아닌가? 생명을 함부로 다루고 경제성과 효율성만을 최고의 가치로 여기지 않는가? 그래서 오늘날 영어를 사용하는 민족이 세계를 지배하고 있기는 하지만 말이다.

우선 사람을 먼저 주어로 삼아 문장을 쓰자. 한 문장에 여러 사람이 있다면 먼저 앞세울 사람을 따지자. 장유유서(長幼有序)는 지키자는 것이다. 만약 사물과 사물이 함께 있으면 그 중 중요한 것을 주어로 삼으면 된다.

2-1 하이든은 1808년에 오스트리아에서 유명한 '천지창조'를 발표하였다. 연주가 끝난 후 하이든은 하늘을 우러러보면서 다음과 같이 말했다고 한다. **"이 작품은 나에게서 나온 것이 아니라, 하느님께로부터 온 것입니다."** 이 말은 모든 영광을 하느님께 돌리는 깊은 신앙의 예로 든 것으로 우리가 성령과 함께 할 때만이 새로움을 창조할 수 있다는 것을 강조하고 있다. 그러나 어째 하느님보다 작품이 더 위대해 보이는 말투다. **"내가 이 작품을 작곡했지만, 하느님을 대신해 썼을 뿐입니다."** 하면 좋지 않을까?

2-2 인간이 죄를 많이 지어서 그런지 사물이 사람처럼 앞에 나서는 경우가 많다. "노아의 방주가 아라랏 산에 닿기까지, **홍수가 낙엽처럼 방주를 흔들었다.**" 아무리 인간의 죄가 크다 해도 그 생명을 하느님이 살리기 위해 방주 만드는 비법을 알려주지 않았는가? 그러니 밑줄 친 부분은 "홍수에 방주가 낙엽처럼 흔들렸다"하는 것이 낫겠다.

2-3 요즘엔 아무데나 '되다·지다·시키다'를 붙이기도 한다. "이 세상 불신의 벽이 <u>높아지면</u> 순박한 사람들은 불안이 <u>되고</u>, 마음의 문이 <u>열어지고</u> 좋은 나라를 실현<u>시키면</u>, 우리 백성이 진정 주인으로 <u>불리워진다</u>.", "이 세상 불신의 벽이 높아져서 순박한 사람들은 불안하게 되고, 마음의 문을 열고 좋은 나라를 실현하면, 우리 백성을 진정 주인으로 부를 것이다."라고 바꾸자.

2-4 이러한 현상은 겸손한 척 할 필요가 있다거나 책임지기 싫은 경우에 더욱 심해진다. "그녀는 결국 그렇게 해서 스승을 사랑하게 <u>되어졌다고</u> 라고 생각 <u>되어집니다.</u>" 심하게 그릇된 경우이지만, 이처럼 '피동'을 두세 겹으로 만들어 쓰지 말자. 스승을 사랑하는 것은 주체적인 결정이며, 그렇게 판단한 것도 겸손할 필요가 없는 것이다. "**그녀는 결국 그렇게 해서 스승을 사랑하게 되었다고 생각됩니다.**"

다시 한번 기억할 것이 있다. '피동'을 쓰는 우리 마음속에 무언가 피해의식이 자리하고 있다는 것이다. 과거 어두운 역사 속에 움츠리고 숨고 지낼 수밖에 없었던 정신적 상처 때문이다. 그러나 이제 어두운 그늘에서 벗어날 때도 되지 않았는가?

3. 번역하지 말라

우리말이 외래어에 심각하게 오염된 현실을 여기저기서 목격하게 된다. 영어나 한문 일어는 우리말과 분명히 다른데도 우리말을 외래 문장 직역하듯 쓰는 것이 버릇을 갖고 있는 사람들이 많다. 그러한 말들은 꼭 외래어를 우리말로 번역한 듯해서 어색하기 짝이 없다. 반복되는 얘기지만 우리가 전통적으로 한자 문화권에 속해 있었기 때문이며, 일제 강점기를 지낸 불행한 역사의 산물이라 할 수 있다. 오늘날 미국을 비롯한 서양문화가 여과 없이 우리 생활 속에 스며든 결과이기도 하다.

3-1 한국 사람들은 공동체 의식이 강한 전통이 있기 때문에 '나'보다는 '우리'를 강조한다. 그것은 말 속에도 배어 있다. 그래서 "나의 신념의 핵심은 나의 한국문학사책에 다 들어 있다."라고 잘못 버릇을 들인 탓이다. "우리 신념의 핵심은 우리 한국문학사책에 다 들어 있다." 해야 우리다운 말투다. '우리'라는 말이 맘에 들지 않는다면 적어도 '나의'는 '내'가 되어야 한다.

3-2 지난 학창시절 영어 공부하면서 귀에 못이 박힌 말 중에 하나가 '물주구문(物主句文)'이다. 말 그대로, 사물이 주어가 되는 구문이란 뜻이다. 앞서 말했듯이 우리말은 사람이 주어가 되는 것이 옳은데, 사물을 주어로 쓰게 되면 사람 꼴이 어떻게 되겠는가? 사물에 치여서 피동적 주체가 되고 만다. "그의 집은 언제나 연구실 근처에 <u>위치하고</u> 있었습니다. 그에게 학구열이 충만했다는 사실을 <u>아무리 강조해도 지나치지 않습니다.</u> 참 연구자로 살아 왔음을 그의 연구물이 잘 대변해주고 있습니다. 그러므로 그의 잘못

에도 불구하고 진실한 <u>증언은 분명히 있어야 합니다</u>." 밑줄 친 부분은 너무나 낯익은 것이다. 역설적으로 낯설게 하도록 하자. "연구실 근처에 그의 집이 있었습니다. 그에게 학구열이 충만했다는 사실을 반드시 알아야 합니다. 그가 참 연구자로 살아왔음을 그의 연구물을 통해 알 수 있습니다. 그러므로 그의 잘못에도 진실하게 증언해야 합니다."

3-3 우리말을 지배하고 있는 것 중 다른 것 하나가 영어 'have'를 그냥 가져다 쓰는 경우다. "소서노는 아이 <u>둘을 갖고 있었는데</u>, 하나는 형인 온조이고 다른 하나는 동생인 비류이다." 우리는 사람을 인격체로 여기지 사물처럼 소유의 대상으로 삼지 않는다. 그러므로 "<u>서서노에게는 아이 둘이 있었다.</u>" 해야 한다.

3-4 "<u>우리들의 대부분은</u> 이러한 사실을 잘 모르고 버릇처럼 쓰고 있다." 이 내용이야 맞지만, '대부분'이 놓일 자리가 틀렸다. '대부분'과 같은 부사는 용언과 어울리면서 우리말의 특성을 잘 드러내기 때문이다. "<u>우리들은 이러한 사실을 대부분 잘 모르고</u> 버릇처럼 쓰고 있다." 그러므로 '학교의 대부분', '소설의 대부분' 하는 식의 말은 그만 쓰자.

4. 일치되게 하라

기독교에서 가장 중요한 교리 중 하나가 삼위일체인 것처럼 우리말에도 삼위일체가 중요하다. 주어와 목적어와 서술어의 일치를 이 번 기회를 빌려 새삼 되새겼으면 한다.

문제는 문장이 길어질 때다. 우리말에서 주어가 생략되는 경우가 많기 때문에 문장이 길어지면 어느 주어가 어느 서술어와 어울리는지 헷갈릴 수가 있다. 그리고 문장을 길게 쓰다 보면 주어와 목적어의 호응이 이루어지지 않는 경우도 있다. 그러므로 문장을 계속 연결해서 쓸 때, 주체가 불분명하거나 목적어가 생략되어 있다면 이어진 문장을 쓸 때 한 번 더 밝혀 쓰는 것이 좋겠다. 가장 중요한 문제 해결 방법은 문장을 짧게 끊어 쓰는 것이다.

4-1 "이웃과 끊임없이 인격적 관계를 유지하고, 문을 두드리게 할 때에, 진정으로 마음을 열게 되는 것을 경험하게끔 되는 것이다." 이 문장에서 주어는 생략되었다. 아마도 주어는 '우리가(내가)'일 것이다. 그 생략된 주어 '우리'의 서술어는 '유지하고', '두드리게 하고', '경험하게끔 되다'이다. 벌써 한 개의 주어에 여러 개의 서술어가 붙게 되어 혼란스럽기 그지없다. 또 하나 서술어가 주어와 일치하지 않는다. '두드리게 하고'는 주어가 시킴의 대상이 되고 있다. '우리'가 주체적으로 서술어처럼 하는 것임으로 모두 통일하여 능동으로 일치시켜야 한다. "이웃과 끊임없이 인격적 관계를 유지하고, 문을 두드릴 때, 진정으로 마음을 열게 되는 경험을 하게 된다."

4-2 "<u>감옥에 들어가는 시련이 내렸다.</u>" 이 문장은 주격조사(-이/가)가 서술어와 호응하지 않는 경우다. 흔히 주격조사를 아무데나 붙여 혼란스럽게 되는 것이다. 이 문장의 내용을 보면, 시련을 내린 주체를 생각지 않은 것 같다. '시련'이라는 현상에만 관심을 둔 것으로 인간이 시련을 받게 되는 이유는 안중에도 없는 태도라 할 수 있다. 그러므로 "감옥에 들어가는 시련을 치렀다." 아니면 "감옥에 들어가는 시련이 내려 졌다"라고 해야 한다.

`4-3` "우리 선열들이 순국의 피를 흘렸기 때문에, 오늘날 이와 같은 나라의 <u>평화를 정착했다</u>." 두 개의 문장이 연결되면서 주체의 일관성을 깜박 잊은 경우다. '선열들이' '정착한' 것이 아니라 '평화가' 정착되었으므로, "~ 나라의 평화가 정착되었다." 혹은 "~ 나라의 평화를 정착시켰다."로 해야 한다.

`4-4` "경찰은 노동자 시신을 지켰던 학생들을 강집시키겠다고 협박하여 노동자의 시신을 노동조합원들이 훔쳐갔다는 거짓 소문을 퍼뜨려 노동자의 분신을 듣고 몰려든 군중들을 해산했다." 이 문장의 뼈대는 '경찰은 ~ 학생들을 회유하여 ~ 해산했다'이다. 이것만 보면 노동자의 분신을 확인하러 몰려든 군중을 해산시킨 것이 아니라, 오히려 '경찰'이 해산한 것처럼 여겨진다. 이 경우 주어부와 서술부를 나누어 호응 관계를 일치시켜야겠다. 그래서 "경찰은 ~ 소문을 퍼뜨려 ~ 해산시켰다"로 만들어야겠다.

`4-5` "환청과 환영이 어른거리는 것을 보니 그 여인은 강박증에 시달린 것이 분명하다." '환청과 환영'이 있다는 사실 만을 염두에 두고 '환청'에 해당하는 서술어를 밝혀 적지 않은 데서 두 현상은 서술어가 동일한 것처럼 혼동이 된다. 서술어를 구별해 써야 한다. "환청이 들리고 환영이 어른거리는 것을~"

`4-6` "묵과할 수 없는 것은 백성들의 타락과 권력과 종교의 부패였고, 회개하고 돌아오라 외치게 된다." 이 내용은 양떼 치던 아모스 선지자가 유다의 타락상을 보다 못해 하느님의 부르심을 받고 나선다는 이야기에서 가져왔다. 답답한 것은 유다왕국의 타락만이 아니라 아모스 선지자가 왜 그렇게 외치고 돌아다니는지에 대한 인과 관계가 분명하지 않다는 데 있

다. 그리고 뒷문장의 주체도 분명하지 않다. 그래서 우리도 외치고 싶은 것이다. 앞 뒤 호응관계를 생각하며 문장 쓰자고! "묵과할 수 없는 것은 ~ 부패였다. 그래서 지도자는 회개하고 돌아오라 외치게 된다."

4-7 "요즘 대중문화가 자본을 등에 업고 학생들의 그릇된 욕망을 부추기고 있다는 <u>여론이다</u>. 이에 대해 <u>학계는</u> 모든 학생들은 사랑의 대상이지만 무한한 관용을 베풀어서는 안 된다는 <u>주장이다</u>." 신문에서 자주 보게 되는 말투다. '~라는 ~이다' 식의 말버릇은 능동적이지 못하다. 주어 '대중문화가' '학계'가 서술어 '여론이다', '주장이다'와 어울리지 않는다. 그리고 주체가 분명하지 못해 내용 전달에 있어 설득력을 잃기 쉽다. 간단히 '~(라)고 한다. ~것 같다'라고 하자. "요즘 대중문화가 자본을 등에 업고 학생들의 그릇된 욕망을 부추기고 있다고 교수들은 판단하고 있다. 이에 대해 학계는 모든 학생들은 사랑의 대상이지만 무한관용을 베풀어서는 안 된다는 주장을 하고 있다."

4-8 다음은 도대체 무슨 내용인지 파악되지 않는 경우다. "보이지 않은 성령의 주도권적인 사역현상과, 인위적인 방법으로는 불가능한, 교회 성장학적으로는 설명이 부족한 현상과, 놀라운 양적 팽창에서 나오는 비전들, 이것들은 성령의 주권하에서 주도적으로 하시는 일임을 알아야 한다." 소위 많이 배운 사람들이 자기 지식에 눌려 낭패를 보는 경우라 할 수 있다. 이런 경우는 어디서부터 고쳐야 할지 난감하다. 다시 쓰는 수밖에 도리가 없다. "보이지 않는 성령의 주도에 따라 이루어진 사역들은 사람이 한 일 같지 않다. 교회 성장역사를 보더라도 극히 드문 현상이고 놀라운 일이다. 양적 팽창 속에 우후죽순 번지는 꿈의 설계들은 모두 성령의 품에서 일어나는 일임을 새삼 깨닫게 된다."

5. 가까이 놓아라

문장을 쓸 때 항시 주어와 목적어를 서술어 가까이에 놓도록 하자.

주어와 서술어가 멀리 떨어져 있으면 어느 서술어가 어떤 주어와 호응되는지 알 수가 없는 것이다. 목적어도 마찬가지다. 물론 여러 개의 문장이 겹칠 때 흔히 일어나는 일이다. 주어를 먼저 쓰고 다른 문장을 연결한 후 서술어를 붙이는 경우다. 그래서 서술어의 대상 즉, 주어와 목적어를 가까이 놓자는 것이다. 방법은 문장을 짧게 쓰는 게 최고다.

5-1 "국가는 여성들이 사회활동에 적극 참여할 수 있도록 그들에게 기회를 주어야 한다." 이처럼 전체 문장 속에 작은 문장을 껴안지 말고 주어를 서술어 곁으로 보내자. "여성들이 사회활동에 적극 참여할 수 있도록 <u>국가는</u> 그들에게 기회를 주어야 한다."

5-2 "우리는 박건하와 염동일이 누가 장준혁 곁에 더 가까이 앉을까 다투었다는 얘기를 들었다." 이 경우도 다음과 같이 주어를 서술어 가까이에 놓자. "누가 장준혁 곁에 더 가까이 앉을까 <u>박건하와 염동일이</u> 다투었다는 얘기를 <u>우리는</u> 들었다."

또 하나 가까이 놓아야 할 것이 있다. '꾸미는 말(수식어)'을 '꾸밈 받는 말(피수식어)' 가까이에 놓도록 하자. 문장은 수식어와 피수식어가 멀면 이상해지기 마련이다. 이 역시 문장을 짧게 하면 해결될 일이지만, 요즘은 욕심들이 많아 수식어를 많이 붙이고 숨차 한다. 우리의 디자이너 '양선생님'도 그런 경우다. '럭셔리한, 뷰티플한, 환상적인 무대'를 숨이 턱에 차서 설명하는 걸 보지 않았는가?

5-3 '착실한 형의 친구'는 쉼표를 쓰든지 아니면 수식하는 말 옆에 놓자. '착실한, 형의 친구', '형의 착실한 친구'.

5-4 '큰 물고기 뱃속 같은 환난 속에'에서 '큰'은 '물고기'를 꾸미는 것이 아니라 '환난'을 꾸미기 때문에 그 곁으로 가야 한다. '물고기 뱃속 같은 큰 환난'.

5-5 '아름다운 꽃밭 속의 여인'의 경우 무엇이 아름다운 것인지 불분명하다. 여인이 아름답다면, 그 가까이 놓을 일이고, 꽃밭이 아름답다면, 문장을 바꾸어 써야 한다. '꽃밭 속의 아름다운 여인', '한 여인이 아름다운 꽃밭에 있다.'

6. 부사어를 바로 써라

예수가 죽기 전 제자들에게 가르쳐준 기도가 있다. '주기도문'이다. 그의 뜻을 이루기 위한 기도이며, 우리 자신을 위한 기도이며, 내 이웃을 위한 기도이다. 이 묵직한 내용 중 부사어 하나가 서술어와 호응을 이루지 못한다면 정말 웃긴 기도가 된다.

6-1 하늘에 계신 우리 아버지여, 이름이 거룩히 여김을 받으시오며, 나라이 임하옵시며, 뜻이 하늘에서 이룬 것 같이 땅에서도 이루어지이다. 오늘날 우리에게 일용할 양식을 주옵시고, 우리가 우리에게 죄 지은 자를 사하여 준

것같이 우리 죄를 사하여 주옵시고, 우리를 시험에 들게 하지 마옵시고, <u>다만</u> <u>악에서 구하옵소서</u>. 대개 나라와 권세와 영광이 아버지께 영원히 있사옵나이다. 아멘.

만약, 주기도문을 외다가 위와 같이 했다 하자. 뭐라고? 악에서 구하지 말라고? 웃음 끝난 후 이렇게 정신없는 사람은 심한 핍박을 받게 될지도 모른다. 관성적으로 '~마옵시고, ~마옵시고' 하다보면, 저리 되지 말란 법이 어디 있는가? 중요한 것은 부사 '다만' 다음에 오는 서술어는 분명 부정형이라는 사실이다. 그것은 앞의 문맥을 보면 자연스럽게 알게 되는 것이다. 이처럼 <u>우리말에서 특정 부사어와 서술어가 짝을 이루는 것이</u> <u>자연스럽다. 이것을 구조어라 한다.</u> 짝을 이루는 부사어를 생략할 수는 있으나 서술어를 생략할 수는 없다. 특히 짝을 이루는 부사어가 생략된 경우에 문장이 어색하지 않다. 그래서 인지 다음과 같이 새로운 번역이 이루어졌다. 어려서부터 고어투를 사용했던 사람들은 어색할지 모르지만, 주기도문을 우리말과 글로 잘 옮긴 것이라 할 수 있다.

하늘에 계신 우리 아버지, 아버지의 이름을 거룩하게 하시며 아버지의 나라가 오게 하시며, 아버지의 뜻이 하늘에서와 같이 땅에서도 이루어지게 하소서. 오늘 우리에게 일용할 양식을 주시고, 우리가 우리에게 잘못한 사람을 용서하여 준 것 같이 우리 죄를 용서하여 주시고, 우리를 시험에 빠지지 않게 하시고 악에서 구하소서. 나라와 권능과 영광이 영원히 아버지의 것입니다. 아멘.

다음 글에서 어색한 부분을 찾아 고쳐보자. 뭔가 좋은 내용이기는 한데 영 부자연스럽다. 밑줄 친 부사어를 주의 깊게 보면 그 해답이 나올 것이다.

6-2 너는 ㉠모름지기 열심히 공부한다. 그래서 부모님은 ㉡결코 너를 사랑하신다. 그동안 너는 ㉢비단 마음의 담을 허물고, 이웃에 성큼 다가갔다. 그는 ㉣비록 가난하였으니 그의 선한 의지로써 모든 고난을 감당해 내고야 말았다. 이처럼 그는 하겠다고 말한 것은 ㉤아마 해내는 사람이다.

우리말을 제대로 쓰는 사람이라면 외국인처럼 위와 같이 하지는 않을 것이다. 그러나 내용에 집착하다 보면 이렇게 될 수도 있다. ㉠은 의무나 당위를 주장하는 표현이 서술어로 와야 한다. 즉 '모름지기 **열심히 공부해야 한다**.' 아니면, 생략하는 것이 낫겠다. ㉡의 경우 '결코'는 부정 서술어와 호응한다. 그러므로 '**결코 너를 사랑하지 않을 수 없다**' 하든지 아예 '결코'를 생략해야 자연스럽다. ㉢은 문맥상 강조 내용이 뒤에 나오게 됨으로 '뿐만 아니라'는 연결어미와 호응을 이룬다. "비단 마음의 담을 허물었을 **뿐만 아니라, 이웃에 성큼 다가갔다**." ㉣의 '비록'은 조건을 뜻하는 연결어미가 필요하다. 즉 '**비록 가난했을지라도**' ㉤은 추측을 나타내는데, 그곳에는 문맥상 단정을 나타내는 말이 와야 한다. 그러므로 '반드시,' '꼭' 등이 옳다. 그밖에도 여러 구조어의 쓰임이 우리말에는 다양하다. 일일이 외울 필요까지는 없을지라도 글을 써 놓고 다시 한번 살펴보는 세심한 주의가 필요하다.

7. 간단하게 써라

7-1 어느 때 문장은 장황하게 되는가? 먼저 한 문장 구조를 계속 반복할 때다. "어떤 경우 나는 참으로 열심히 국가를 <u>섬기고</u>, 위정자를 <u>섬길 때도</u> 지극정성으로 <u>섬기고</u>, 이웃을 <u>섬기는</u> 것 역시도 부족함 없이 <u>섬기는</u> 사람은

진정 모든 사람의 <u>섬김을 받는</u> 사람이지 않을까 생각합니다." 이처럼 한 문장 안에 동일한 글틀을 반복할 필요가 무엇이 있겠는가? 글의 변화를 주든지 아예 간결하게 쓰도록 하자. "진정 모든 사람으로부터 존경 받는 사람은 다음과 같은 사람이 아닐까 생각합니다. 열심히 직장에 나가고, 위정자를 도와 이웃에게 봉사하며 조상을 섬기는 사람 말입니다."

7-2 다음은 의미 전달에는 관심이 없고 멋있게 쓰는 데만 신경 써서 문장을 억지로 만드는 경우다. "우리는 믿음으로 감사하고, 나에게 주신 재능을 통해 다른 이를 유익하게 하려는 삶의 동기를 가지고 덕을 끼치며 사시는 백성들로 항상 기쁨과 행운이 넘치는 행복한 삶을 사시기를 바랍니다." 이 문장에서 '믿음으로 감사', '유익하게 하려는 삶의 동기', '덕을 끼치며 사시는 백성', '기쁨과 행운이 넘치는 행복한 삶' 등의 표현은 정작 무엇을 말하려는지 알 수가 없다. 무슨 멋있고 좋은 말인 것 같은데, 잘 전달이 되지 않는다. "항상 기뻐하며 행운 속에 행복하게 살길 바랍니다. 그러기 위해 항상 감사하며, 내가 가진 것을 함께 나누며 남을 도우려는 마음을 갖도록 합시다."

7-3 다음은 의미를 중복해서 쓰는 경우다. "다들 선열께 영광을 돌리고 다른 이들을 섬겨야 된다고 주장하고 있으나 실천하지는 못한다." 여기서 '섬겨야 된다가'가 '주장'이다. 그러므로 다음과 같이 간단하게 써야 한다. "다들 선열께 영광을 돌리고 다른 이들을 섬겨야 된다고 하면서도 실천하지는 못한다."

7-4 "<u>선진화된 나라를 선포</u>하는 데에 <u>어쩔 수 없이 따르는 희생</u>이 있게 마련이므로 <u>대의를 위한 소수의 희생</u>은 이 땅에 <u>선포될 자유민주주의</u>를 위해

불가피하다는 것이다." 이 경우는 밑줄 친 부분처럼 같은 내용을 말만 바꾸어 계속 하고 있다. 듣는 사람은 지루하기 짝이 없다. "이 땅에 선진화된 나라를 선포하기 위해 치르게 되는 희생은 불가피하다는 것이다."

7-5 "보람 있는 삶을 살기란 진실로 어렵다.", "노동자 출신의 청년 전태일은 <u>그야말로 피와 살을 도려내는</u> 온갖 고난 끝에 자본의 꾐에서 벗어났다.", "전태일의 분신이 노동운동의 부활의 상징이라는 것을 <u>모르는 사람은 없지만</u> 그의 분신의 의미가 과연 무엇인가를 아는 사람은 <u>아마도 얼마 없을 것이다.</u>" 이 문장들은 장황하기 그지없다. 남을 설득하는 글로서 적당하지 않다. 단순하게 쓰는 것이 좋겠다. "보람 있게 살기가 어렵다.", "청년 전태일은 온갖 고난 끝에 자본의 유혹을 물리쳤다.", "전태일의 분신이 노동운동 부활의 상징이라는 것은 알면서 그 뜻을 아는 이는 별로 없다."

끝으로 요즈음 글에서 자신의 주장을 앞세우고 자신의 뜻을 강조하다 보니 '~것' '~것이다'와 같은 명사화된 문장을 남용하고 있다. 역설적이게도 여기에는 자신의 주장을 강조하는 듯하면서도 남의 말을 하듯 하는 모순이 있다. 이는 오늘날 세태를 반영하고 있다.

7-6 "우리는 넓은 관용을 보이신 김구선생이 구세주라는 <u>것</u>과 우리의 인도자라는 <u>것</u>을 믿는 조선인이라는 <u>것</u>입니다." "김구선생은 널리 관용을 보이셨습니다. 우리는 그를 우리의 구세주이며 인도자로 믿는 조선인입니다."

8. 입에서 나오는 대로 쓰지 말라

말버릇대로 글을 쓰게 되면 글의 흐름이 단조롭고 가벼워진다. 오히려 웅변조의 글이 되어 서는 독자를 감동시키지 못할 것이다. 이처럼 말버릇대로 쓰는 문장 중에 '~이다'로 끝나는 것이 가장 많다. 이처럼 딱딱한 명사문으로 일관하지 말고 '무엇이 어찌한다'라든지, '무엇이 어떠하다'라고 다양하게 쓰도록 하자.

8-1 "유다 왕국이 멸망하고 백성들은 셋으로 갈리게 된다. 첫째는 바빌론으로 끌려갔던 지도층이다. 둘째는 앗시리아의 공격을 피해 여러 나라를 떠도는 유랑자이다. 셋째는 앗시리아의 입장에서 끌고 갈 가치도 없고 다른 곳을 피신할 여력도 없었던 민중들<u>이다</u>." 이 말들에 변화를 주자. "유다 왕국이 멸망하고 백성들은 셋으로 갈리게 된다. 첫째 지도층은 바빌론으로 끌려갔다. 둘째, 지도층은 아니더라도 능력있는 사람들은 유랑자가 되어 피신하였다. 셋째, 민중들은 앗시리아에 끌려가지도 못하고 다른 곳으로 피신할 여력도 없이 유다 땅에 남갖은 고초를 겪었다."

8-2 "장준혁이 죽음에 이르러 강희재에게 전화를 건 것을 보면 그녀만큼 장준혁의 신뢰를 받았던 사람은 없다<u>는 얘기다</u>." 이것은 정말 말버릇대로 쓴 문장이다. 앞 문장을 통째로 관형절로 만들어 명사문을 만들었다. 그러므로 밑줄 친 '~는 얘기다'는 빼야 된다.

8-3 "오늘날 장애인의 인권을 생각한다면 장애인 인권에 관한 입법을 더 이상 미룰 수 <u>없음이다</u>" 전형적인 외래어 투다. '~음'을 붙여 명사절로 만들고 거기에 '~이다'를 붙여 문장을 만들었다. "오늘날 장애인의 인권을 생각한다면 장애인 인권에 관한 입법을 더 이상 미룰 수 없다." 하면 된다.

참고문헌

서강대교양국어 교재편차위원회편, 『움직이는글쓰기』, 서강대출판부, 2006.
육재용편, 『실용문 작법』, 학문사, 2002.
이민호·방민화, 『유도고도 이래서 좋았다－설교문 작성법과 말하기』, 인터북스, 2010.

● 찾 / 아 / 보 / 기 ●